청동에 새길 이름 이승만

청동에 새길 이름

이승만

복거일 지음

백년동안

여러 번 죽엇든 이 몸이 하나님의 은혜와 동포의 애호로 지금까지 사러 잇다가 오날에 이와 같이 영광스러운 추대를 밧는 나로는 일변 감격한 마음과 일변 감당키 어려운 책임을 지고 두려운 생각을 금하기 어려움니다. 깃붐이 극하면 우슴이 변하야 눈물이 된다는 것을 글에서 보고 말로 들엇던 것입니다.

이승만李承晩, 1948년 7월 24일 '대통령 취임사'에서

서언

여기 실린 글들은 2023년 후반 조선일보에 연재되었다. 이승만의 삶을 그린 졸작 『물로 씌어진 이름』이 나온 것이 계기가 되어, 그의 삶에서 역사적 중요성을 지닌 부분들을 뽑아서 조명하기로 한 것이었다. 연재를 기획하고 편집한 여론독자부의 어수웅 부장과 정녹용 차장, 김광진 기자께 깊은 감사 말씀을 드린다.

얼떨결에 쓰기 시작했는데, 독자들의 반응은 예상보다 호의적이었다. 무엇보다도, 지금까지 이승만에 대해 알지 못했다가 이번에 알게 되었다는 분들이 적지 않았다. 이승만이 하야한 1960년 이후에 태어난 세대들이 지금 우리 사회의 주역들이니, 그럴 만도 하다. 이승만에 관한 글들이 거의 다 그의 삶과 업적을 부정적으로 기술했다는 사정까지 겹치면, 그런 무지와 편견은 필연적이라 할 수 있다.

이승만의 삶에 관한 글을 처음 조선일보에 쓴 것은 1995년 2월이었다. 당시 조선일보가 '이승만과 나라세우기' 전시회를 열었는데, 전시회를 참관하고 '물로 쓴 현대사 잉크로 고쳐 쓰자'라는 제목의 글을 썼다. 이승만의 삶의 흔적이 생생한 전시장을 둘러보고, 그의 큰 공적이 잊히는 것을 안타까워한 글이었다. 제목은 "사람들의 과오들은 청동에 새겨져 남는다; 그들의 덕성들을 우리는 물로 쓴다"는 셰익스피어의 탄식을 반영했다.

그 전시회에서 내 마음에 가장 깊이 새겨진 것은 카드보드로 만든 벽걸이 옷장이었다. 상자에서 잘라낸 것이 분명한 그 옷장은 프란체스카 여사의 검소한 삶을 상징했다. 지면이 모자라서, 그 카드보드 옷장 얘기는 참관기에 쓰지 못했다.

여러 해 뒤, 나는 그 옷장의 내력을 알게 되었다. 두 분이 이화장으로 나온 지 한 달가량 되었을 때, 하와이의 친구가 휴양하러 오라고 두 분을 초청했다. 모든 비용을 친구가 댄다고 해서, 두 분은 가볍게 떠났다. 이튿날 신문마다 "이승만 망명"이라고 썼다. 그리고 이 대통령이 재임중에 거대한 돈을 횡령했다고 재무차관이 발표했다. 이어 민주당 정권은 두 분의 귀국을 막았다.

길어야 3주 동안 쉬다 올 생각으로 떠났으므로, 두 분은 지닌 것이 없었다. 다섯 해 동안 친구들의 도움으로 두 분은 하와이에서 가난하게 살았다. 그때 프란체스카 여사의 오스트리아 친정에서 여사의 옷가지를 상자 두 개에 넣어 보냈다. 여사는 그 상자를 잘라서 벽걸이 옷장을 만들었다.

> "전시장을 둘러보는 사람들은 모두 숙연했다. 그런 숙연함은 물론 자신들의 삶에 큰 영향을 끼친 인물의 자취를 만난 데서 나왔을 터이지만, 거기엔 그런 사정을 넘는 무엇이 분명히 있었다. 그리 새롭지 않은 자료들도 한데 모여 어떤 기준에 따라 잘 배열되면, 낱개들에는 없던 무엇이 나와서 새로운 질서를 이룬다. 나에겐 그런 질서가 그들의 마음을 채우는 것처럼 보였다. 따지고 보면, 전시회의 목적이 바로 그것이다."

참관기에서 이렇게 쓰면서, 나는 세월의 무게를 힘겹게 견디는 그 여린 카드보드 옷장이 제 집을 얻을 날이 빨리 오기를 기원했었다.

어느덧 서른 해 가까이 지났다. 당시 전시회를 주선했던 안병훈 편집인과 인보길 편집국장은 지금 '이승만 대통령 기념관 건립추진위원회'에서 활약하고 있다. 나도 그 위원회의 일원이다. 지금 기념관 건립을 위한 모금이 한창인데, 고맙게도 호응이 크다. 기념관이 선다면, 두 분의 유물들은 긴 방랑을 마치고 자기 집을 찾은 안도의 한숨을 쉬리라. 이 책이 모금에 작은 도움이라도 되기를 바랄 따름이다.

2024년 봄

복거일

| 차례 |

제1장 필생의 임무

이승만은 그의 삶 전부를 독립운동에 바쳤다. 그리고 마침내 조선을 민주공화정의 나라로 만든 건국 대통령이 되었다. 6.25 남침을 유엔군과 함께 물리친 전쟁 지도자였고, 한미상호방위조약을 맺어 대한민국의 평화와 발전에 초석을 놓았다. 그리고 그의 길고 험난한 삶은 한 편의 위대한 서사시가 되었다.

제1장

필생의 임무

위대한 인물이 나오려면, 그가 가야 할 길을 열어주는 선구자가 나와야 한다. 그렇지 않으면, 위대한 업적을 남길 사람이 길을 여는 데 매달려서 자신이 할 일을 제대로 하지 못한다.

선구자 서재필

대한민국의 역사에서 가장 위대한 인물인 이승만의 경우, 그런 선구자는 서재필徐載弼이었다. 바로 배재학당에서 이승만에게 새로운 학문을 가르친 스승이었다.

서재필은 손에 피를 묻힌 혁명가였다. 1884년의 갑신정변에서 그는 병력을 지휘해서 수구파 대신들을 처형했다. 청군淸軍의 개

입으로 정변이 실패하자, 그는 일본을 거쳐 미국으로 망명했다. 물론 그의 집안은 참화를 입었다.

1894년의 청일전쟁에서 이긴 일본이 갑오경장을 추진하자, 서재필은 개화파 정부의 초청으로 귀국했다. 그는 궁극적으로 인민들의 지식수준이 사회 발전을 결정한다는 것을 깊이 인식했다. 그래서 먼저 「독닙신문」을 발행했다. 1896년 4월에 처음 나온 타블로이드판 4면의 이 작은 신문은 조선 사회를 혁명적으로 바꾸었다.

"조선 부인네도 국문을 잘하고 각색 물정과 학문을 배화 소견이 높고 행실이 정직하면 무론 빈부 귀천 간에 그 부인이 한문은 잘하고도 다른 것은 몰으는 귀족 남자보다 높은 사람이 되는 법이라." 창간호 논설의 이 한 구절은 남녀차별과 신분차별에 바탕을 둔 전통적 질서에 대한 힘찬 도전이었다. 칼로 세상을 바꾸려 했던 혁명가가 세상은 글로 바꾸어야 한다는 결론에 이른 것이었다.

이어 서재필은 정치적 개혁을 위한 조직으로 '독립협회'를 세웠다. 바쁜 가운데서도 그는 감리교 선교사 헨리 아펜젤러(Henry Appenzeller)가 세운 배재학당培材學堂에 나가 학생들을 가르쳤다. 그의 강의에 감화된 학생들 가운데 여럿이 조선의 지도자들로 자라났는데, 이승만, 주시경周時經, 신흥우申興雨, 김규식金奎植이 특히 두드러졌다.

스승 서재필과 군축회의 참석한 이승만

1921년 워싱턴에서 열리는 군축회의에 참석하기 위해 구미위원부 청사를 나서는 이승만(왼쪽) 한국 대표단장과 서재필 부단장. 이승만 46세 서재필 57세 시절의 일이다. '독립협회'를 세운 서재필은 배재학당에 나가 학생들을 가르쳤는데 그 제자 중 이승만이 있었다.

당쟁의 폐해를 경험한 터라, 서재필은 건전한 토론 문화를 함양하는 데 힘을 쏟았다. 스승의 뜻을 받들어, 학생들은 '협성회協成會'라는 토론 모임을 만들어서 일반인들까지 참여시켰다. 이 모임이 크게 성공하자, 「협성회보」가 발행되었는데, 이승만은 주필이 되어 토론을 이끌었다.

만민공동회

당시는 아관파천俄館播遷 직후라서, 러시아의 영향력이 절대적이었다. 러시아는 부산항 입구의 절영도絶影島를 조차해서 급탄항(coaling station)을 만들겠다고 조선을 압박했다. 정부가 러시아의 요구를 들어줄 기미를 보이자, 독립협회는 1898년 3월 10일에 종로에서 만민공동회萬民共同會를 열었다. 1만여 명이 모인 이 집회는 쌀장수 현덕호를 회장으로 뽑았다. 이어 이승만을 비롯한 연사들이 정부 정책을 거세게 비판했다. 결국 인민들은 러시아 군사 교관과 재정 고문을 내보내라고 정부에 요구하는 결의문을 채택했다.

이틀 뒤엔 서울 남촌의 평민들이 스스로 2차 집회를 열어 자주 독립의 기초를 놓자고 결의했다. 독립협회는 월미도의 일본 급탄항도 회수하라는 서한을 외부外部에 보냈다.

두 차례의 만민공동회 집회에서 조선 민중의 뜻이 뚜렷이 드러나고 다른 나라들의 반응도 부정적이 되자, 러시아는 군사 교관과 재정 고문을 철수시키고 절영도의 급탄항 계획도 취소했다. 이런 상황에 떠밀려서, 일본도 월미도 급탄항을 조선에 반환했다.

평화로운 집회였지만, 두 차례의 만민공동회는 진정한 혁명이었다. 인민들이 스스로 모여 정부에 잘못된 정책을 시정하라고 요구해서 관철시킨 것도 혁명적이었지만, 쌀장수를 회장으로 뽑은 것도 엄격한 신분제를 허무는 일이었다. 무엇보다도, 러시아의 급탄항 설치를 막았을 뿐 아니라 이미 설치된 일본의 급탄항도 회수했다.

실질적 성과에 고무되어, 독립협회와 만민공동회 지도자들은 의회 설립을 정부에 요구했다. 정부가 거부하자, 그들은 10월 1일부터 친로파 정권의 퇴진을 요구하면서 궁궐 앞에서 철야 시위를 했다. 이때는 고종과 러시아의 미움을 받은 서재필이 미국으로 추방된 터여서, 인민들의 집회는 이승만을 비롯한 소장파 지도자들이 이끌었다. 결국 고종이 그들의 요구를 받아들여서, 박정양朴定陽과 민영환閔泳煥을 중심으로 한 개혁파 정권이 출범했다.

승기를 잡은 개혁파는 10월 하순에 종로에서 관민공동회官民共同會를 열어 대신들과 정무를 협의했다. 이 회의에서 고종에게 올리는 '헌의獻議 6조'가 채택되었는데, 핵심적 요구는 실권 없는 중추원中樞院을 실질적 의회로 만드는 개혁이었다. 고종은 이런 요구를

(위) 이승만의 옥중동지들. 왼쪽 중죄수 복장을 하고 서 있는 이가 이승만. 앞줄 오른쪽에서 두 번째가 이상재. (1903)
(아래) 이승만과 함께 성경공부를 하던 옥중동지들. 중앙에 서있는 어린이는 아버지 이승만을 찾아온 아들 이봉수. (1904)

받아들였다. 인민들이 국왕에게 의회 정치를 펴라고 요구해서 뜻을 이룬 것이었다.

위기를 느낀 수구파는 '개혁파가 공화정을 시도한다'고 모함했고, 고종은 음모를 꾸민 자들을 체포하고 독립협회를 해산하라고 명했다. 11월 5일 독립협회 간부들 17명이 체포되었다. 고종의 배신에 분노한 인민들이 거리로 나오자, 이승만은 그들을 이끌고 경무청으로 가서 독립협회 간부들의 석방을 요구했다.

시간이 지나자, 추위와 배고픔으로 시위대는 점점 줄어들었다. 이승만은 찾아온 아버지의 애원도 외면하고 고종이 파견한 관리들의 회유도 물리치면서, 열정적 연설로 사람들이 흩어지는 것을 막았다. 둘째 날 밤엔 군악대를 앞세운 군대가 행진해왔다. 이승만은 혼자 그들에게 다가가서 고수鼓手들을 발길로 걷어찼다. 놀랍게도, 그 군대는 순순히 물러갔다. 마침내 11월 10일 고종은 독립협회 지도자 17명을 모두 석방했다.

이런 성공에 고무되어, 인민들은 해산하지 않고 종로로 옮겨 만민공동회를 열었다. 그리고 독립협회를 다시 설립하고 '헌의 6조'를 시행하라고 요구했다.

그러나 고종은 전국의 보부상들을 불러들여 이들을 탄압했다. 몽둥이를 든 보부상들의 공격에 많은 사람들이 다쳤다. 당시 정동에서 집회를 주도하던 이승만은 사람들을 이끌고 보부상들과 싸웠다. 그가 보부상을 이끈 황국협회皇國協會 회장 길영수吉永洙를 발길로 걷어차는데, 누가 뒤에서 그를 껴안으면서 소근거렸다. "이승만 씨, 빨리 피하시오." 이승만이 돌아보니, 그 혼자 남아 있었다. 순간적 판단으로, 그는 피하는 대신 보부상 대열 속으로 파고들었다.

그가 보부상 대열을 헤치고 나와 독일공사관을 가로질러 배재학당으로 들어서자, 그의 친구가 울면서 "이승만이 죽었다"고 외치고 있었다. 신문들도 이승만이 보부상들과 싸우다 죽었다고 보도했다. 이 일화는 앞에서 이끄는 이승만의 지도력을 보여준다. 6.25전쟁에서 그는 최일선을 자주 찾았고, 위험한 전선을 찾은 대통령의 모습에 장병들은 감격해서 환호했다.

불행하게도, 마포나루에선 신기료장수 김덕구가 실제로 맞아 죽었다. 이 사건에 격발된 인민들이 거리로 쏟아져 나와 보부상들과 싸웠다. 그리고 종로에서 만민공동회를 열어 정부를 규탄했다. 결국 고종은 인민들의 요구를 다 들어주었다.

12월 1일 독립협회와 만민공동회는 김덕구의 장례를 성대하게 치렀다. '대한제국 의사 광산김공 덕구지구大韓帝國義士光山金公德九之柩'라 씌어진 명정銘旌들을 앞세운 장례 행렬은 종로에서 숭례문을 거쳐 갈월리 묘지로 향했다. 많은 인민들이 학교와 동리의 깃발들을 들고 행렬에 참여했다. 헌 신 깁는 신기료장수를 '의사'로 추앙한 이 장례 행렬은 만민공동회가 지향한 '신분 평등'과 '민주주의'가 이미 조선 사람들의 마음에 뿌리를 내렸음을 세상에 알렸다.

1919년 상해에서 임시정부가 세워질 때, 아무도 왕정복고王政復古를 생각하지 않았다. 모두 민주공화국을 지향했다. 조선 왕실에 대한 깊은 실망이 왕정복고를 막았다면, 만민공동회의 기억이 민주공화정을 향한 첫발을 선뜻 내딛도록 했을 것이다.

시적 정의

조선의 근대화는 개항開港이라 불린 변혁으로 시작되었다. 본질적으로, 개항은 우세한 유럽 문명의 도래라는 도전(challenge)에 대한 조선의 대응(response)이었다. 중세 사회였던 조선이 현대 사회로 진화했다는 사실은 조선의 대응이 성공적이었음을 뜻한다.

복잡하고 혼란스러울 수밖에 없는 근대화 과정을 이해하는 일에선, 중요한 고비들에서 활약한 인물들의 행적을 살피는 것이 좋다. 다행스럽게도, 우리는 거의 모든 고비들에서 활약한 인물을 가졌다.

이승만은 공식적 개항 전년인 1875년에 태어났고 1890년대 말엽부터 1960년까지 정치 지도자로 활약했다. 조선 역사의 변곡점들에서 그가 한 일들을 살피면, 우리는 우리 역사를 줄거리가 뚜렷한 이야기로 풀어낼 수 있다.

러일전쟁 초기에 일본군이 러시아군을 바다와 육지에서 잇달아 격파하면서, 한반도는 일본군에 점령되었다. 앞날을 걱정한 민영환과 한규설韓圭卨은 주조선 미국 공사를 지낸 휴 딘스모어(Hugh Dinsmore) 하원의원에게 조선을 도와달라는 밀서를 보내기로 했다. 그들은 이승만을 밀서를 지니고 갈 밀사로 뽑았다.

'고종 폐위 음모'에 가담한 죄로 여섯 해를 감옥에서 보내고 나온 이승만은 두 우국 대신의 제의를 선뜻 수락했다. 1904년 11월에 그는 밀서를 품고 제물포에서 기선에 올랐다. 그는 시어도어 루스벨트(Theodore Roosevelt) 대통령을 만나 조선의 실정을 알릴 수 있었지만, 러시아와 일본의 평화협상을 주선하던 루스벨트에게 약소국 조선은 중요한 변수가 되지 못했다.

그 뒤 이승만은 해외에서 힘든 독립 운동에 매진했다. 이어 새로 세워진 대한민국을 이끌었다. 한국전쟁에서 휴전 협상이 시작되자, 그는 이길 수 있는 전쟁에서 공산군과 휴전하는 것은 어리석다고 주장하면서 거세게 반대했다. 결국 그는 휴전에 대한 동의의 대가로 대한민국의 안전을 보장하는 '한미상호방위조약(Mutual Defense Treaty Between the United States and the Republic of Korea)'을 이끌어냈다. 1904년에 우국 대신들로부터 부여받은 호국의 임무를 반세기 만에 이룬 셈이다. 힘의 논리가 작동하는 냉혹한 현실에서 실제로 나온 이런 시적 정의(poetic justice)가 이승만의 길고 힘들었던 삶을 위대한 서사시로 만든다.

제2장 대한민국 임시정부의 외교

이승만은 상해 임시정부가 독립군을 양성하고 국경의 일본군 초소들을 공격하는 것을 비판했다. 일본군에게 아무런 위협이 되지 못하면서, 소중한 인적자원을 낭비하기 때문이었다.

이승만은 일본과 미국이 그리 멀지 않은 미래에 부딪치리라고 예견했고, 차츰 잊혀져 가는 조국을 사람들이 기억하도록 기회가 올 적마다 외교를 통해 상기시키면서, 때를 기다렸다.

제2장

대한민국 임시정부의 외교

대한민국 임시정부는 3.1독립운동 직후 1919년에 상해에서 세워졌다가 1945년에 임시정부 요인들이 "개인 자격"으로 귀국하면서 실질적으로 해체되었다. 그렇게 26년 동안 존속하면서, 임시정부는 줄기차게 독립을 위해 노력했고 끝내 영토와 인민을 되찾아 대한민국을 세웠다. 이런 성과는 현대 세계사에서 유례가 없다. 공군까지 편성한 자기 군대를 갖추고 제2차 세계대전에 당당히 참전한 폴란드 망명정부는 전쟁이 끝난 뒤 소비에트 러시아의 방해로 정부를 다시 세우는 데 실패했다.

상해 임시정부의 응집력

사라진 나라의 임시정부는 흔히 여럿이 난립하고 중심적 임시정부 자체도 내부적으로 분열되게 마련이다. 영토도 인민도 없으니, 권력도 재력도 없어서, 응집력을 갖추기 어렵다.

그러나 대한민국 임시정부는 처음부터 모든 조선 사람들의 충성심을 얻었다. 그들에게 '상해'라는 말은 그저 도시 이름일 수 없었다.

상해로 가는 배가 떠난다
저음의 기적, 그 여운을 길게 남기고
유랑과 추방과 망명의
많은 목숨을 싣고 떠나는 배다.

1927년에 나온 박팔양朴八陽의 「인천항」엔 그런 애틋함이 담겼다. 그런 애틋함에 많은 조선 사람들이 상해를 찾았다.

그래도 상해 임시정부 안엔 어쩔 수 없이 깊은 분열이 있었고 치열한 다툼이 이어졌다. 가장 깊은 분열은 지역적 분열이었으니, 조선조에서 평안도와 함경도 사람들이 극심한 차별을 받은 데서 유래했다. 그래서 안창호安昌浩를 중심으로 한 평안도 사람들의 서북파와 이승만 둘레 남쪽 사람들의 기호파 사이에 틈이 있었다. 국제공산당(코민테른)의 활동이 활발해져 공산주의자들이 늘어나자, 이념적 분열이 더 큰 문제가 되었다. 다행히, 임시정부에 응집력을 주는 요인들이 작용해서 파탄을 막았다.

근본적 요인은 3.1독립운동의 열정이었다. 모든 조선 사람들이 참여한 독립운동의 뜨거운 열정은 조선 사회를 융합시켰다. 그런 열정에서 탄생한 터라, 임시정부는 어려운 고비들을 넘기곤 했다.

둘째 요인은 장개석蔣介石 총통이 이끈 중화민국의 지원이었다. 일본과의 싸움에서 조선이 차지하는 중요성을 인식한 중국은 대한민국 임시정부를 꾸준히 지원했고, 덕분에 임시정부는 안정적으로 움직일 수 있었다.

셋째 요인은 임시정부의 지속적 외교 활동이었다. 초대 임시대통령에 선출된 뒤에도, 이승만은 국제 정치의 중심인 미국에 머물면서 활발한 외교 활동을 펼쳤다. 그의 활약은 중국에서 활동하는 임시정부 요인들을 고무했고, 임시정부가 흔들릴 때마다 닻 노릇을 했다. 특히 이승만이 미국 주재 중국 외교관들과 긴밀히 사귀고 그들의 지지를 얻어낸 것은 김구金九 주석의 입지를 강화했고 임시정부를 장악하려는 공산주의자들의 시도를 무산시켰다.

이처럼 임시정부가 지속적으로 활동함으로써, 지도에서 사라진 조선이 완전히 잊히지는 않았다. 그리고 1943년의 '카이로 회담'에서 강대국들이 조선의 독립을 약속했다.

제네바 국제연맹 총회

일본은 청일전쟁과 러일전쟁에서 이긴 뒤 제1차 세계대전에서도 승전국의 일원이 되었다. 자연히, 대한민국 임시정부는 외교 무대에서 설 땅이 없었다. 국제회의마다 임시정부가 파견한 대표단은 참석이 거부되었다.

이승만의 첫 성공적 외교 무대는 1933년에 제네바에서 열린 국제연맹 총회였다. 1931년에 만주사변滿洲事變이 일어나고 이듬해에 만주국이 서자, 국제연맹은 조사단을 파견했다. 이승만이 참가하고자 한 것은 그 조사단이 올린 보고서를 처리하는 총회였다. 총회 참가 자격이 없었던 터라, 그는 중국 대표단과 협력해서 일본의 만주 침략을 규탄하는 성명서를 발표했다. 그런 활동을 통해서, 그는 총회가 일본의 행위를 규탄한 결의안을 통과시키는 데 실질적 기여를 했다.

제네바에서의 활동은 이승만에게 여러 혜택들을 주었다. 무엇보다도, 그는 국제 외교의 실상을 경험했고 능숙한 외교관으로 자라났다. 다음엔, 중국 외교관들과 교분을 터서, 뒤에 워싱턴에서 활동할 때에 그들의 도움을 받을 수 있었다. 위에서 살핀 것처럼, 중국 외교관들과의 교분은 당연히 중국 정부에 크게 의존한 임시정부에 큰 힘이 되었다.

보다 중요하게, 제네바에서의 경험과 통찰에 바탕을 두고, 이승만은 장기적 외교 전략을 세웠다. 일찍이 일본의 영토가 된 조

1920년 12월 26일 상해교민단의 이승만 환영회 모습. 배경에 태극기가 있고 그 위에 '대통령 리승만'이라 적힌 현수막이 걸려 있다. 왼쪽부터 손정도, 이동녕, 이시영, 이동휘, 이승만, 안창호, 박은식, 신규식. 오른쪽 마지막 사람은 확인되지 않았다. 이승만은 임시정부 초대 대통령에 선출된 뒤에도 국제 정치의 중심인 미국에 머물면서 활발한 외교 활동을 펼쳤다.

선이 되살아나려면, 조선이 국제 사회에서 잊히지 않아야 한다고 그는 생각했다. 그래서 기회가 올 때마다, 그는 조선이란 나라가 있었고 조선 인민들이 독립을 바란다는 사실을 국제 사회에 알렸다. 부지런히 강연을 했고, 미국 정부에 계속 조선 문제와 관련된 편지를 보냈고, 국제회의들에 참석하려 애썼다.

나아가서 그는 일본의 해외팽창 정책이 조만간 미국과의 충돌로 이어지리라고 판단했다. 일본이 미국을 이길 수는 없으므로, 그때 조선이 독립할 기회가 온다고 그는 내다보았다. 이 대담한 추론은 그의 『일본내막기(Japan Inside Out)』에 설득력 있게 기술되었다. 일본의 미국 침공 직전에 나온 이 뛰어난 저작은 합당한 명성을 얻었고 그의 권위를 높여서 그의 외교 활동에 큰 운동량을 주었다.

여기서 살펴야 할 점은 이승만이 외교만을 강조한 것이 아니라는 사실이다. 그는 상해 임시정부가 독립군을 양성하고 국경의 일본군 초소들을 공격하는 것을 비판했다. 일본군에게 아무런 위협이 되지 못하면서, 소중한 인적 자원을 낭비한다는 얘기였다. 게다가 만주에서 활동한 독립군은 유격전을 펼 수밖에 없었으므로, 일본군은 독립군의 근거인 만주의 조선인 동포들을 박해할 터였다. 그의 걱정대로, 만주의 동포들은 끔찍한 화를 입곤 했다. 때가 오기 전에 군비를 서두르는 대신 실력을 길러야 한다고 그는 늘 강조했다.

제2차 세계대전이 일어나자, 이승만은 군대를 키울 때가 되었다고 판단했다. 마침 친분이 있는 언론인 프레스턴 굿펠로(Preston Goodfellow)가 특수 작전을 수행하는 전략사무처(OSS)의 부사령관이 되었다. 이승만은 OSS 요원 후보들로 한국인 청년들을 추천했고, 여러 사람들이 제2차 세계대전에서 활약했다. 특히 장석윤張錫潤은 OSS의 버마 작전에 참가해서 공을 세웠다.

1944년 7월에 이승만은 미군 합동참모본부에 편지를 보내서 일본과의 전쟁에 한국인들을 활용할 것을 촉구했다. 그는 미국에 있는 한국인 청년들과 태평양의 섬들에서 일본군을 돕다가 미군에 붙잡힌 한국인 노무자들을 훈련시켜 한반도로 침투시키는 방안을 제시했다. OSS는 이 제안을 받아들여 냅코 작전(NAPKO Project)을 출범시켰다. OSS의 전설적 인물인 칼 아이플러(Carl Eifler) 대령이 책임자가 되었고, 장석윤이 실무를 맡았다.

1944년 11월에 장석윤은 위스콘신주의 포로수용소에 스스로 포로로 갇혔다. 그리고 버마에서 비행장을 닦다가 연합군에 붙잡힌 노무자로 행세하면서 포로들을 관찰했다. 미국 법무장관과 간수 넷만 그의 신분을 알았다. 그런 관찰에 바탕을 두고서 그는 특수작전에 적합한 요원들을 뽑았다. 이들 노무자들에 미국에 있던 한국인 청년들과 한인 사회 지도자들이 더해져서, 한반도에 침투할 부대가 구성되었다.

선발된 요원 55명은 10개 조로 나뉘어 서로 분리된 채 훈련을 받았다. 그들은 소형 반잠수정 3척으로 해안에 접근하도록 되었다. 작전은 1945년 8월 하순에 실행될 터였다. 그러나 일본이 예상보다 훨씬 빨리 항복하는 바람에, 냅코 작전은 실행되지 못했다. [같은 시기에 중경 임시정부가 OSS의 도움을 받아 추진한 독수리 작전(Eagle Project)도 같은 사정으로 중단되었다.]

국제 정세는 복잡하고 예측하기 어렵다. 그래도 이승만은 일본과 미국이 그리 멀지 않은 미래에 부딪치리라고 예견했고 그런 예측에 바탕을 두고 독립운동의 전략을 세웠다. 차츰 잊혀지는 조국을 사람들이 기억하도록 기회가 날 적마다 외교를 통해 상기시키면서, 때를 기다렸다. 마침내 기회가 나오자, 그는 군대를 창설하는 일에 착수해서 구체적 성과를 얻었다. 이처럼 그가 멀리 내다보고 세운 전략을 어려운 시기에도 꾸준히 추구한 덕분에 대한민국이 다시 설 기회가 마련되었다.

우연히 오스트리아에서 태어난 한국 여인

1933년의 제네바는 독립운동가 이승만에겐 운명적 시공이었다. 개인적으로도 그러했으니, 거기서 그는 오스트리아 여인 프란체스카 도너(Francesca Donner)를 만났다.

프란체스카는 조국의 독립을 위해 애쓰는 동양의 노신사에게

신혼여행을 마치고 1935년 1월 24일 호놀룰루 항구에 도착한 이승만 부부. 이승만은 1933년 제네바에서 열린 국제연맹 총회에 참석했다가 프란체스카 여사를 만났다.

서 깊은 인상을 받았다. 외교관 신분에 어울리지 않게 간소한 식사와 외교관다운 예절이 그녀 마음을 사로잡았다. 그녀는 그의 기사가 크게 난 신문을 그에게 전달했고 끝내는 그의 서류 작성을 돕겠다고 나섰다. 그렇게 해서, 그들은 연인이 되었다.

그러나 그들의 사랑은 이루어지기 힘들었다. 그는 이미 58세였고 그녀는 33세였다. 당시 유럽에선 인종차별도 심했다. 게다가 그는 국적도 재산도 없었다. 당연히, 그녀 가족은 그들의 결혼을 반대했다.

그래도 프란체스카는 연인을 찾아 혼자 대서양을 건넜다. 그들의 신혼여행은 미국을 가로질러 이승만의 근거인 하와이로 가는 여정이었다. 그들이 만난 교포들은 거의 다 가난했다. 영양실조에 걸린 이도 있었다. 그래도 그들은 찬장에 넣어두었던 몇 달러를 독립운동 자금으로 내어놓았다.

이승만은 아내에게 하와이에서 병사한 교포들의 얘기를 들려주었다. 사탕수수 농장에서 일하면서 고국에서 신부를 데려오는 꿈을 키우다가 죽게 되자, 그들은 결혼 자금으로 모은 돈을 독립운동 자금으로 내어놓고 이승만의 무릎을 베고 운명했다. 그제서야 왜 남편이 3등 열차, 3등 선실을 고집하는지 깨달았다고 그녀는 술회했다.

만년에 그녀는 시간이 나면 남편 묘소를 찾았다. 하루는 한 서양 남자가 현충원에서 그녀에게 다가왔다. 오스트리아 사람이라고 자신을 소개하면서, 그녀도 오스트리아 사람이라는 얘기를 들었다고 했다.

그녀는 미소를 지으면서 고개를 저었다. "나는 한국 사람이에요. 우연히 오스트리아에서 태어났죠."

[부록 1 '프란체스카 도너 리' 참조]

제3장 얄타 비밀협약 폭로

어쩌면 이승만의 여러 업적들 가운데 얄타 비밀협약을 폭로한 것이 가장 중요하다고 볼 수도 있다. '조선은 소비에트 러시아의 영향 아래에 둔다'는 이 밝혀지지 않은 비밀협약에 대해 이승만은 '내가 바라는 것은 얄타 협정에 서명한 국가의 수뇌들-루스벨트, 처칠, 스탈린이 그것을 공식적으로 부인하게 하는 것'임을 목표로 삼았다.

제3장

얄타 비밀협약 폭로

정치는 돈이다. 정치 자금을 마련하지 못하는 지도자는 오래 가지 못한다. 독립운동은 순수한 정치 활동이지만, 망명정부 지도자는 자금을 마련할 길이 마땅치 않다. 그것이 대한민국 임시정부 지도자들을 짓누른 짐이었다.

상해 임시정부의 실상

1919년에 상해 임시정부가 서자, 워싱턴에서 활동하던 이승만이 임시대통령에 뽑혔다. 그러나 상해의 정부는 제대로 움직이지 않았고, 상해의 요인들은 대통령에게 상해로 와서 문제를 해결해 달라고 요청했다. 이승만이 수락하자, 상해 사정을 잘 아는

워싱턴에 개설된 구미위원부
사무실에서 집무하는 이승만
임시정부 대통령. (1922. 1. 26.)

측근들이 반대했다. 상해 방문 요청은 그를 공격하기 위한 함정이라는 얘기였다. 그리고 "정 오려면, 몇만 원의 비자금이라도 갖고 오시오" 하고 조언했다. 여비 마련도 힘들었던 이승만은 "성력誠力으로 대신하겠다"고 회신했다.

1920년 말에 중국으로 밀항한 이승만은 자신의 순진함에 대한 대가를 단단히 치러야 했다. 그가 큰 자금을 갖고 온다는 소문이 돈 터라, 그는 실망한 사람들의 냉대와 공격을 견뎌야 했다.

그들을 탓하기도 어려웠다.

> 여러 청년들은 […] 무한한 기한飢寒과 고초를 당한 뒤에 특별한 희망을 가지고 상해로 오면 기한을 면할까 하여 와서 본즉, 또한 곤란이 막심하므로 절망하는 이가 많았소. 그런 정경을 보는 정부 당국자는 기한의 괴로움보다 마음 고생이 더욱 심하였소이다.

상해에서 돌아온 뒤부터 이승만은 외교에 전념했다. 외교라야 조선과 관련된 사건이 일어날 때마다 미국 정부와 상하원 의원들에게 편지를 보내는 것이 전부였다. 국무부는 승인받지 못한 임시정부 대표에겐 좀처럼 반응하지 않았다. 중요한 사건이면, 그는 미국 대통령에게 편지를 썼다. 그러면 백악관은 국무부에 이첩했고, 국무부는 마지못해 퉁명스러운 답장을 보내왔다.

반응은 시원치 않고 효과는 없는 편지들을 쓰는 일은 지치는 노릇이었다. 그러나 이승만은 지치지 않았다. 놀랍게도, 이런 노력은 차츰 성과를 얻어서, 국무부 관리들이 그를 괄목상대하게 되었다. 그의 인품과 열정에 감복한 친구들이 그를 돕기 시작한 덕분이었다.

대표적인 사람은 통신사 INS의 기자였던 제이 제롬 윌리엄스(Jay Jerome Williams)였다. 1919년 4월에 이승만은 처음으로 윌리엄스의 사무실을 찾았다. 당시 미국 신문들은 일본에 우호적인 여론에 눌려 3.1독립운동을 보도하지 못했다. 이승만이 자신을 소개하고 조선의 만세 시위가 총독부의 탄압에도 불구하고 이어진다는 내용의 전보 두 통을 꺼내 놓자, 윌리엄스는 바로 타자기를 꺼냈다. 다음날 그의 기사가 많은 신문들에 실렸다. 그 뒤로 이승만은 전보들이 들어오면 윌리엄스를 찾았고, 조선의 시위 소식은 미국 전역으로 퍼져 나갔다. 이승만의 열정과 조선의 비극적 운명에 끌려, 윌리엄스는 자기 시간과 돈을 들여서 조선 독립운동을 도왔다.

에밀 고브로와의 협력

1945년 2월 초순에 러시아 크리미아의 얄타에서 열린 미국, 영국 및 러시아의 정상회담(얄타 회담)에서 미국 대표단이 돌아온 뒤, 미국 저널리스트 에밀 고브로(Emile Gauvreau)는 묘한 문서를 입수했다. 얄타 회담에서 세 강대국이 "조선은 일본과의 전쟁이 끝난 뒤까지 소비에트 러시아의 영향 궤도(orbit of influence) 안에 남도록 한다"고 비밀 협약을 맺었다는 것이었다.

고브로는 강대국들이 약소국을 전리품으로 대하는 행태에 분개했다. 그래서 조선의 독립을 위해 애써온 윌리엄스를 찾았다. 두 사람은 먼저 그 문서의 진위를 확인하는 일에 나섰다. 고브로는 탐사보도 기자로 시작해서 타블로이드 편집자로 명성을 얻은 사람이었다. 윌리엄스는 오랫동안 국제 정치를 추적해온 통신사 기자였다. 한 달 가까이 취재한 뒤, 두 사람은 그 문서가 진본이라고 판단했다.

그 문서를 본 이승만도 그들의 판단에 동의했다. 그리고 국제연합(UN) 창립총회가 열린 샌프란시스코에서 기자 회견을 열어 얄타 협정에 조선에 관한 비밀협약이 있었음을 폭로했다.

그의 폭로가 워낙 중대한 사안이었으므로, 신문들이 크게 보도했다. 그러자 정한경鄭翰景이 걱정했다. "박사님은 얄타 회담에 참여한 연합국 지도자들을 국제 사회에 고발한 셈입니다. 그러나 박사님은 그러한 고발에 대해 그 사람의 얘기 말고는 아무런 증거도 가지고 있지 않으십니다."

이승만은 무겁게 고개를 끄덕였다. "사실이든 거짓이든, 우리나라가 어떤 위치에 있는지 밝히기 위해 지금 그것을 터뜨릴 필요가 있다고 판단했소. 내가 바라는 것은 얄타 협정에 서명한 국가 수뇌들이 그것을 공식적으로 부인하는 것이오."

한반도의 운명이 강대국들의 비밀 거래로 결정되는 상황에서, 발언권 없는 대한민국 임시정부가 최소한의 언질이라도 얻으려면 미국 사회의 관심을 끌어 미국 정부를 압박해야 한다는 얘기였다. 그리고 그는 고브로가 얻은 문서에서 그렇게 할 기회를 본 것이었다. 나아가서 그 기회를, 손으로 잡기 어려울 만큼 위험한 기회를, 머뭇거리지 않고 움켜쥔 것이었다. 그런 통찰과 행동은 민족의 이익을 위해 헌신하면서 자신에게 퍼부어질 억측과 비난과 박해를 두려워하지 않는 인품에서만 나올 수 있다. 그것이 이승만의 위대함이었다.

마침 얄타 회담에 대한 의구심이 커지던 참이어서, 이승만의 폭로는 미국 사회에서 큰 반향을 얻었다. 영국에서도 처칠이 의회에서 이승만의 폭로에 관해 해명해야 했다. 난처해진 미국 국무부는 '이승만의 폭로는 거짓 소문에 바탕을 두었으며, 카이로 선언에서 천명된 연합국의 조선 정책은 충실히 이행될 것'이라고 선언했다. 이승만이 그리도 바라던 미국의 언질이 나온 것이었다.

이런 선언에 따라, 미군은 한반도에 상륙하기로 뒤늦게 결정했다. 그리고 북위 38도선을 경계로 분할 점령하는 방안을 러시아군에 제안해서 동의를 얻었다. 그렇게 해서, 남한에 대한민국이 세워질 바탕이 마련되었다.

이승만의 여러 업적들 가운데 아마도 이것이 가장 중요할 것이다. 당시 그는 꼭 70세였다. 그래도 그는 역사의 거센 물살 속으로 성큼 들어갔다. 그리고 그 흐름을 바꾸어 놓았다.

얄타 비밀 협약의 실상

그리고 1년 뒤인 1946년 2월에 얄타 협정의 '동아시아에 관한 비밀 협약'이 공개되었다. 스탈린은 '독일과의 전쟁이 끝나고 두 세 달 안에, 러시아는 일본과의 전쟁에 참여하겠다'고 루스벨트와 처칠에게 약속했다. 러시아의 참전은 세 가지 조건들이 충족된다는 것을 전제로 삼았다: (1) 외몽골의 현상 유지; (2) 러일전쟁으로 제정 러시아가 잃은 권리들(남부 사할린, 대련항과 여순항의 사용권 및 만주의 철도 운영권)의 복원 및 (3)쿠릴 열도의 러시아 할양.

이승만의 주장대로, 얄타 협정엔 동아시아에 관한 비밀 협약이 실제로 있었음이 드러난 것이었다. 그러나 정작 조선에 관한 항목은 거기 없었다. 이승만으로선 당혹스러울 수밖에 없었다. 물론 그의 적들은 그가 경솔했다고 몰아세웠다.

이 수수께끼를 풀 단서는 비밀 협약에 들어있다. 스탈린은 러일전쟁으로 제정 러시아가 잃은 이권들을 되찾고자 했다. 그런 이권들 중 가장 큰 것은 조선에서의 우월적 지위였다. 그것에 비하면, 비밀 협약의 이권들은 부스러기들이었다. 따라서 스탈린은 조선에 대한 이권을 확보하기 위해 다른 방도를 강구했다고 보아야 한다. '증거의 부재가 부재의 증거는 아니다 (Absence of evidence is not evidence of absence)'라는 격언이 어울린다.

이런 상황은 얄타 비밀 협약 뒤에 또 하나의 비밀 협약이 있었다는 추론을 낳는다. 조선이 워낙 중요했으므로, 스탈린은 러시

얄타 회담 참석한 미·영·소 정상

1945년 2월 얄타 회담을 위해 모인 영국, 미국, 소련 정상들. 앉은 사람 왼쪽부터 영국의 처칠, 미국의 루스벨트, 소련의 스탈린. 이승만은 같은 해 국제연합(UN) 창립총회가 열린 샌프란시스코에서 기자회견을 열어 얄타 회담 때 '조선을 소련 영향권 안에 둔다'는 비밀 협약이 있었다고 폭로했다.

아에 호의적인 미국 대표와 비밀 합의를 보았다는 얘기다. 얄타 회담에서 러시아 첩자 앨저 히스(Alger Hiss)가 실무를 총괄했다는 사실은 이런 추론을 떠받친다. 실제로, 얄타 일정이 끝나자, 그는 모스크바로 가서 러시아 당국과 협의했다. 고브로의 문서는 거기서 이루어진 비밀 협약의 기록이거나 그 사본일 가능성이 높다.

이승만은 이 문서를 지니고 귀국했는데, 한국전쟁 초기에 공산군에 넘어갔다. 언젠가 모스크바의 비밀문서 서고가 열리면, 대한민국 임시정부의 긴 역사에서 가장 극적이고 중요한 사건이 모습을 드러낼 것이다.

[부록 2 '얄타 협정의 비밀 협약' 참조]

숙적의 대결: 이승만과 앨저 히스

태평양 전쟁이 일어나자, 대한민국 임시정부는 크게 고무되었다. 이승만은 임시정부가 미국의 승인을 얻도록 하려고 국무부를 찾았다. 그는 새로 동아시아 업무를 맡은 앨저 히스와 만나 대한민국이 일본과의 전쟁에서 미국을 도울 수 있다고 밝혔다.

히스는 대한민국 임시정부를 승인하면, 소비에트 러시아의 이익을 해치게 된다고 지적했다. 따라서 미국은 대한민국을 승인할 수 없다고 잘라 말했다. 이승만은 그의 주장이 비논리적임을 지적했다. 말문이 막힌 히스는 같은 얘기만 되풀이했다. 이승만은 미국 관리가 러시아의 이익을 앞세우는 것을 이해할 수 없었다.

두 해 뒤, 이승만은 조선이 러시아의 식민지가 될 가능성을 걱정하는 편지를 국무부에 보냈다. 히스는 조선 문제는 전쟁이 끝난 뒤 러시아와의 협의를 거쳐야 풀릴 거라고 답신했다.

1945년 봄에 국제연합 창립총회가 열릴 때, 이승만은 대한민국도 참가하겠다고 신청했다. 공교롭게도, 당시 샌프란시스코 회의의 사무총장은 히스였다. 히스는 대한민국이 국제연합에 가입할 자격이 없다고 단언했다. 이승만은 대한민국과 조건이 같은 나라들이 이미 참가했음을 지적했지만, 히스는 끝내 거부했다.

국제연합 가입 가능성이 사라지자, 이승만은 고브로가 주선한 기자 회견장에 나갔다. 그리고 얄타 회담에서 루스벨트, 처칠, 스탈린 사이에 비열한 비밀 협약이 있었다고 밝혔다. 그것으로 한반도 전체를 러시아에 넘기려던 히스의 음모는 좌절되었다. 두 숙적의 운명적 대결에서 조선의 애국자가 미국의 매국노에게 깔끔하게 이긴 것이었다.

히스는 러시아군 정보기구 GRU의 통제를 받았다. 1948년 8월 하원 반미국행위위원회는 히스의 간첩 혐의를 조사하기 시작했다. 그는 러시아의 첩자로 활약했음이 드러났지만, 공소 시효가 지나서, 기소되지 않았다. 대신 범행에 대한 조사 과정에서 한 위증으로 5년형을 받았다.

제4장 한반도 문제의 국제연합 회부

1946년 '9월 총파업'이 실패하자, 쉬티코프는 박헌영에게 도시 폭동을 일으키라고 지시하고 막대한 자금을 내려보냈다. 10월 1일 일어난 대구폭동은 남한 전역으로 퍼져 그해 12월까지 이어졌다. 이승만은 잇달아 터져 나오는 어려움을 뚫고서, 국제연합을 통한 국가 수립이라는 이정표를 우뚝 세웠다.

제4장

한반도 문제의 국제연합 회부

제2차 세계대전 뒤 한반도 문제가 다루어진 첫 국제회의는 1945년 12월에 모스크바에서 열린 미국, 영국, 러시아의 외상회의였다. 이 회의에서 (1) 한국임시정부의 설립, (2) 미군과 러시아군의 '공동위원회'의 설치, (3) 5년 기한 강대국들의 한국 신탁통치가 결정되었다.

강대국들이 신탁 통치를 한다는 소식이 알려지자, 남한 주민 모두가 반대에 나섰다. 좌익도 예외가 아니었으니, 조선공산당은 "만일에 조선에 대한 신탁통치가 사실이라고 하면, 우리는 절대로 반대한다. 5년은커녕 5개월간의 신탁통치라도 우리는 절대로 반대한다"는 성명을 냈다.

그러나 평양을 찾아 북한의 실질적 통치자인 연해주군관구 군

한국 문제를 UN에서 다루도록 제안하기 위해 미국을 방문했던 이승만이 중국 난징에 들러 장제스와 회담한 후 1947년 4월 21일 귀국했다. 앞줄 왼쪽부터 김규식, 김구, 지청천, 이승만, 프란체스카. 한국 문제를 미소공동위원회에서 UN으로 이관시키는 데 성공한 것은 이승만의 중요한 성취였다. 이를 통해 두 강대국 간 협상이 아니라 UN의 주관 아래 자유민주국가 수립이 가능했다.

사위원 테렌티이 쉬티코프(Terenty Shtykov)의 지시를 받고 내려온 공산당 지도자 박헌영朴憲永은 신탁통치 지지를 천명했다. 좌익은 곧바로 찬탁 운동에 나섰고, 이 일로 좌우익이 뚜렷이 갈라졌다. 이런 현실에 막혀, 제1차 미소공동위원회는 제대로 나아가지 못했다.

정읍 발언

1946년 6월 3일 전국을 유세하던 이승만은 전라북도 정읍에서 "통일 정부를 고대하나 여의케 되지 않으니, 우리는 남방만이라도 임시 정부 또는 위원회 같은 것을 조직하자"고 연설했다. 이 발언으로 '남한 정부 수립'이 중심적 정치 의제로 떠올랐다.

모두 통일 조국을 얘기하는 상황에서 남한 정부를 내세운 '정읍 발언'은 정치 지도자로선 무모한 모험이었다. 노련한 정치가인 그로 하여금 그런 정치적 위험을 안도록 한 것은 러시아의 위협에 대한 그의 통찰이었다. 그는 조선과 국경을 공유한 러시아가 조선에 대한 상시적 위협임을 늘 인식했다. 그의 국제정치적 계산에선 러시아의 위협에 대한 대처가 거의 언제나 가장 중요한 변수였다.

당시 세계 지도자들 가운데에선 보기 드물게, 이승만은 제정 러시아와 소비에트 러시아를 아울러 경험했다. 그는 만민공동회

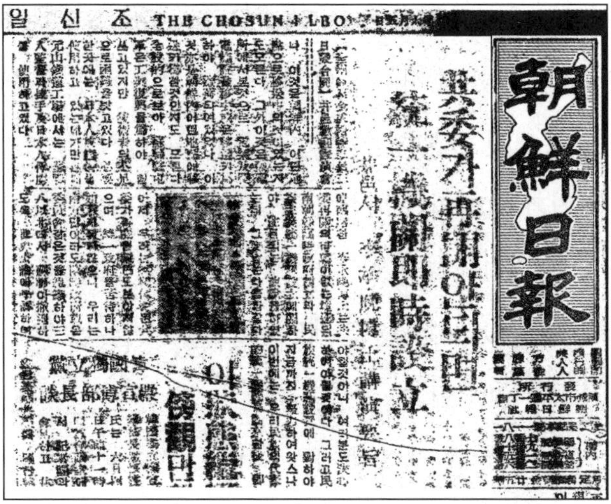

朝鮮日報

이승만 '정읍 선언' 보도한 조선일보 지면

이승만의 '정읍 선언'을 보도한 1946년 6월 3일자 신문. 전북 정읍을 방문한 이승만은 "무기 휴회된 공위(共委·미소공동위원회)가 재개될 기색이 보이지 않으며, 통일정부를 고대하나 여의케 되지 않으니, 우리는 남방(南方)만이라도 임시정부 혹은 위원회 같은 것을 조직하여 38 이북에서 소련이 철퇴하도록 세계 공론에 호소하여야 할 것"이라고 했다.

에서 시작되어 활발해진 사회 개혁이 고종의 반동 정치로 짓밟히는 과정에서 러시아가 끼친 부정적 영향을 절감했다. 그리고 1933년 7월에 모스크바를 찾았다가 추방된 경험은 소비에트 러시아의 본질을 성찰하는 기회가 되었다. 소비에트 러시아가 제정 러시아의 중세적 전통에 전체주의적 세계관이 덧씌워진 사회임을 그는 깊이 인식했다.

이승만의 '정읍 발언'이 있기 넉 달 전에, 러시아 주재 미국 부대사 조지 케넌(George Kennan)은 그의 '긴 전보(Long Telegram)'에서 같은 진단을 내렸다. "세계적 사안에 대한 크렘린의 정신병적 견해의 밑바닥엔 전통적이고 본능적인 불안감이 있다… [러시아 사람들은] 경쟁적 권력과 협약이나 타협을 한 적 없이, 오직 그것의 완전한 파멸을 노리는 참을성이 있지만 치명적인 투쟁을 통해서만 안전을 추구하는 것을 배워왔다." 케넌의 진단은 지금의 중국에 대해서도 그대로 적용된다.

얄타 협정에 조선에 관한 비밀 협약이 있다는 이승만의 폭로가 남한에 미군이 진주하는 계기가 되었음은 앞에서 살핀 바 있다. 자연히, 이승만은 남한이 한반도 전부를 수복하는 일에서 전진기지 역할을 하리라고 여겼다. 남한에 자유민주주의 정부가 세워지면, 북한의 전체주의 정부를 압도하게 되어, 궁극적으로는 남한의 주도로 통일된 나라가 나오리라고 보았다. "다만 한 도道나 군郡이라도 정부를 세우자"는 주장은 그런 인식에서 나온 전략이었다.

물론 미국으로선 러시아와 협상을 이어갈 수밖에 없었다. 그러나 미소공동위원회를 통해서 한국 문제가 풀릴 수는 없다고 이승만은 확신했다. 그는 자유주의 국가와 전체주의 국가가 협상을 통해서 합리적 방안을 도출하는 것이 불가능하다는 교훈을 폴란드를 비롯한 동유럽 여러 나라들의 비극적 운명에서 확인했다.

게다가 한반도 북부엔 이미 러시아의 위성국가가 선 터였다.

이제 러시아는 한반도 남부도 노리고 있었다. 그런 노림을 막으려면, 남한에 정부가 빨리 서야 했다. 이런 절박함이 '정읍 발언'을 낳았다.

국제연합 이관 제안

1946년 9월 하순에 좌익 노동조합(전평)의 총파업이 일어났다. 9월 23일에 부산지구 철도노동자의 파업으로 시작된 총파업은 이내 전국의 모든 기간산업 노조들로 확산되었다. 출판노조까지 파업에 가담해서, 신문과 잡지가 나오지 않았다.

이 총파업은 평양에서 꾸민 공작이었다. 남한 사회가 차츰 안정되고 공산당의 활동이 어려워지자, 박헌영은 미군정에 적대적인 '신전술'을 쉬티코프에게 건의했다. 쉬티코프는 그런 건의를 받아들여 총파업 계획을 승인했다. 그리고 필요한 자금을 남한으로 내려 보냈다.

좌익의 도발적 총파업에 이승만은 빠르게 대응했다. 총파업의 움직임을 감지하자, 그는 바로 주한미군 사령관 존 하지(John Hodge) 중장을 만나 대책을 협의했다. 이어 우익 노조인 대한노총의 위원장에 취임하고 파업에 대한 실질적 대응에 나섰다. 9월 30일 경찰과 우익 단체 회원들은 서울 철도노동자들의 농성장에 들어가서 그들을 해산시키고 철도의 운행을 재개했다. 이 일을 계기로 총파업이 잦아들었다.

'9월 총파업'이 실패하자, 쉬티코프는 박헌영에게 도시 폭동을 일으키라고 지시하고 막대한 자금을 내려 보냈다. 폭동은 10월 1일에 대구에서 먼저 일어났다. 부녀자들을 앞세운 폭도들은 대구역 파출소로 몰려가서 포위하고 공격했다. 위협을 느낀 경찰의 발포로 한 사람이 죽었다. 이튿날 불어난 시위대는 대구경찰서를 점령하고 무기고를 열어 무장한 다음 경찰관들과 가족들을 살해했다.

대구 폭동은 빠르게 남한 전역으로 퍼졌다. 평양의 러시아군 사령부가 지휘하고 막대한 자금을 제공했으므로, 폭동은 유난히 격렬했다. 그래서 인명 피해가 엄청났고 재산 피해도 막대했다. 결국 이 폭동은 12월까지 이어졌다.

좌익의 파업과 폭동은 미군정청 지휘부로 하여금 러시아가 한반도에서 이루려는 목표에 대해 새롭게 살피도록 만들었다. 그들은 북한에 독자적 정권이 세워졌고 북한군이 빠르게 강화된다는 사실이 뜻하는 바를 진지하게 성찰하기 시작했다. 자연히, 남한에 자유주의 정권이 한시라도 빨리 서야 한다고 주장한 이승만의 선견지명이 부각되었다.

마침 1946년 10월에 뉴욕에서 국제연합 총회가 열렸다. 이승만은 여성 운동가 임영신任永信을 자신이 주도하던 민주의원 대표 자격으로 국제연합에 파견했다. 이어 11월엔 국제연합 총회에 한국 문제를 상정하기 위해 자신이 미국을 방문한다고 발표했다. 그러자 70여 개의 정당 및 사회단체들이 그를 '한국민족 대표' 자격으로 미국에 파견하기로 결정하고 모금에 나섰다. 서울운동장에서 열린 대회에선 무려 13,000명이 모금에 참여했다.

미국에 도착하자, 이승만은 국제연합이 한국 문제를 다루도록 하려고 활동했다. 그러나 미국 국무부의 극동국장 존 카터 빈슨트(John Carter Vincent)는 러시아의 첩자여서, 이승만의 활동을 노골적으로 방해했다. 한국 문제의 국제연합 총회 상정이 무산되자, 이승만은 미국에 있는 친구들로 '전략 회의'를 구성하고 국제연합의 주재를 통한 '남한정부 수립계획'을 세워서 미국 국무부에 제출했다.

이승만의 제안은 미국 정부 안에서 상당히 호의적인 반응을 얻었고 꽉 막혀서 나아가지 못하는 한국 문제에 대한 창의적 제안이라는 평가를 받았다. 아쉽게도, 러시아의 이익을 앞세우는 빈슨트의 방해로 이 제안은 채택되지 못했다. 대신 미국은 미소공동위원회의 재개를 시도했다. 그러나 1947년 5월에 열린 제2차 미소공동위원회는 양측의 입장 차이가 여전히 크다는 것을 확인하고 끝났다.

마침내 1947년 9월에 조지 마셜(George Marshall) 미국 국무장관은 국제연합 총회에 한국 문제를 다루어 달라고 요청했다. 물론 러시아는 거세게 반대했다. 그래도 10월에 총회의 제1정치위원

미·소 공동회의 참석한 쉬티코프

미소공동위원회 회의에서 소련 대표 쉬티코프(오른쪽) 중장을 만나고 있는 이승만(왼쪽). 한국 문제를 다루기 위한 미소공동위원회는 1945~1947년 한 차례 예비 회담과 두 차례 위원회가 개최됐지만 양측 입장 차이로 성과 없이 끝났다.

회는 한국의 선거를 감시할 '국제연합 한국임시위원단'을 한국에 파견한다는 미국 결의안을 통과시켰다. 이어 11월엔 총회가 제1정치위원회의 결의안을 찬성 43표, 반대 0표, 기권 6표로 채택했다.

한국 문제를 미소공동위원회에서 국제연합으로 이관시키는 데 성공한 것은 더할 나위 없이 중요한 성취였다. 미국 정부도 궁극적으로 인정한 것처럼, 미국과 러시아 사이의 협상은 실패할 수밖에 없었다. 러시아가 주도한 모스크바 삼국외상회의에서 만들어진 미로에서 한국 문제가 벗어나는 데 두 해가 걸린 것이었다.

한국 문제의 국제연합 이관은 남한에 세워질 국가의 정통성 문제도 미리 해결했다. 두 강대국들의 협상을 통해서 나온 국가는 정통성에서 국제연합의 주관 아래 세워진 국가에 크게 못 미친다.

이런 성취가 중요한 만큼 이승만이 맞은 어려움도 클 수밖에 없었다. 그는 남한의 실질적 군주였던 하지 사령관과 국무부의 담당 국장의 노골적 방해를 받았고 한때는 실질적으로 자택연금을 당했다. 마지막 단계에선 동지였던 김구가 '미군과 러시아군의 동시철군'이라는 러시아 주장을 지지하면서 자유주의 대열에서 이탈하는 날벼락을 맞았다. 잇달아 나오는 어려움들을 끝내 뚫고서, 그는 국제연합을 통한 국가 수립이라는 이정표를 우뚝 세웠다.

하지와 이승만

하지 사령관은 본질적으로 미국의 이익을 위해 일하는 관료였다. 그의 임무들 가운데 가장 중요한 것은 미소공동위원회의 활성화였고, 그 임무를 위해 그는 북한의 러시아군 사령부와 되도록 좋은 관계를 유지하려 애썼다. 그래서 좌익의 불법적 활동들은 어지간하면 외면했고, 박헌영과 같은 공산당 지도자들도 체포하는 대신 북한으로 탈출하도록 유도했다.

이승만은 한국이 러시아에 장악되는 것을 막아 독립 국가를 세우는 것을 궁극적 목표로 삼았다. 무엇보다도, 이미 강력해진 북한군의 침공에 맞설 군대를 건설하는 것이 시급하다고 판단했다.

따라서 두 사람은 조만간 충돌할 수밖에 없었다. 그 싸움에서 아무런 권력이 없는 이승만이 이겨서 대한민국이 섰다는 사실은 그의 인품과 지도력에 관해서 뜻 깊은 이야기들을 들려준다.

미국의 관료였던 하지 사령관은 끝내 이승만을 이해하지 못했다.

하지는 태평양 전쟁에서 공을 세운 군인이었다. 그리고 아무런 준비도 지침도 없이 떠맡은 남한 점령 임무를 무난히 수행했다. 아쉽게도, 그는 끝내 이승만을 이해하지 못했다. 그의 조국 미국이 이승만 같은 영웅을 필요로 하지 않는 나라였기 때문이었을까?

제5장 제헌 의회 선거

1948년 5월 10일 남한 총선거가 확정되자, 선거 방해가 가장 심각했던 제주도는 4월 3일 남로당 간부 김달삼의 지휘 아래 경찰관들과 소위 '반동분자'들을 습격하고 살해했다. 또 하나의 선거 방해공작은 김일성이 제안한 '남북협상'이었다. 김구와 김규식은 이에 동조하며 남한 총선거를 거부했다.

제5장

제헌 의회 선거

1948년 1월 한국에서 선거를 실시하는 일을 주관할 국제연합 한국임시위원단이 한국에 들어와서 활동하기 시작했다. 시리아, 프랑스, 중국, 인도, 엘살바도르, 오스트레일리아, 캐나다, 필리핀의 8개국 대표들은 인도 대표 메논(K. P. S. Menon)을 임시의장으로 뽑았다.

러시아의 남한 총선거 방해

메논은 하지 주한 미군 사령관과 게나디 코로트코프(Gennady Korotkov) 러시아군 25군 사령관에게 방문하겠다는 편지를 보냈다. 하지는 흔쾌히 수락했다. 그러나 코로트코프는 답신하지 않았고, 대신 UN 주재 러시아 대표 안드레이 그로미코(Andrei Gromyko)가 거부 의사를 밝혔다.

러시아가 한국임시위원단의 북한 방문을 거부하자, 이승만은 즉시 남한에서 총선거를 치러야 한다고 주장했다. 그러나 김구와 김규식은 '미국과 러시아가 동시에 철군하고 남북요인회담으로 문제를 해결하자'는 주장을 폈다.

위원단 안에서도 의견들이 엇갈리자, 위원단은 메논으로 하여금 UN 본부의 지침을 받아오도록 했다. 메논은 UN 소총회에서 한국의 상황을 설명하고 네 가지 대안을 제시했다. 소총회는 첫 대안인 '한국임시위원단이 접근 가능한 한국 지역에서 총선거를 실시하는 방안'을 결의했다. 이승만의 방안에 우호적인 메논이 그 방안의 타당성을 널리 알린 덕분이었다.

남한 총선거가 확정되자, 러시아는 곧바로 선거 방해에 나섰다. 그리고 두 가지 공작을 추진했다. 먼저 시작된 공작은 남로당과 그 외곽 조직인 민주주의민족전선을 동원한 전국적 폭동이었다.

2월 7일 시작된 노동자들의 총파업으로 교통이 마비되고 통신이 끊기고 공장들이 멈췄다. 곳곳에서 경찰서들이 폭도들의 습격을 받았고, 많은 경관들이 살해되었다. 공산주의자들은 공공연히 투표 방해에 나서서, "미제가 꼭두각시 유엔을 통해서 획책하는 제국주의 선거"에 참여하는 매국노들을 처단하겠다고 선언했

다. 이들이 '2.7구국투쟁'이라 부른 이 폭동은 전국을 혼란에 빠뜨렸고 정상적 선거 활동을 어렵게 만들었다.

상황을 더욱 어렵게 만든 것은 그동안 폭동을 일으켜서 체포

제헌의회 개원… 이승만 "투표율 90% 넘는 건, 세계에 민족의 애국심 보여준 것"

1948년 5월 31일 제헌의회 개원식이 열리고 있다. 5·10 총선에서 당선된 의원 198명(정원200)이 참석했다. 이승만은 개원식에 앞선 예비 회의에서 국회의장으로 당선됐다. 소련은 남로당을 앞세워 5·10 총선을 방해하기 위해 전국에서 폭동을 일으켰지만 선거는 95.5%의 투표율로 마무리됐고 대한민국이 탄생했다. 이승만은 투표율이 90%를 넘은 것에 대해 "우리 민족의 애국심을 세계에 표명한 것"이라고 했다.

된 공산주의자 669명을 미군정청이 석방한 조치였다. 한국임시위원단은 도착하자마자 정치범들을 석방하라고 요구했다. 한민당 대표 김성수金性洙는 '남한에 정치범은 없고 폭도들만 수감되었다'고 설명했지만, 위원단은 수감된 공산주의자들을 풀어주라고 거듭 요구했다. 그런 압력에 굴복해서, 하지 사령관은 그들을 모두 풀어주었다. 자연히, 남로당의 조직이 완전히 복구되었고, 기세가 오른 남로당은 폭동을 통한 선거 방해를 효과적으로 수행했다.

선거 방해가 가장 심각했던 지역은 제주도였다. 4월 3일 남로당 간부 김달삼金達三의 지휘 아래 제주도 좌익이 봉기해서 경찰관들과 '반동분자'들을 습격하고 살해했다. 이 지역의 좌익은 우익에 대한 반감이 유난히 커서, 경찰관을 '개'라 부르고 경찰관들과 우익 인사들의 가족들까지 해치고 집에 불을 질렀다. 그래서 같은 남로당이 일으킨 전국적 규모의 폭동들인 '대구 폭동'이나 '2.7구국투쟁'보다 제주도만의 '4.3사건'이 오히려 피해가 훨씬 컸다.

이런 사정에다 반군이 한라산에서 유격전을 폈다는 사정이 겹쳐서, 미군정청과 대한민국 정부의 무자비한 대응이 나왔다. 이 과정에서 많은 무고한 주민들이 참화를 입었고, 그 상처는 지금까지도 완전히 아물지 않았다.

또 하나의 공작은 '남북협상'이었다. 남한 총선거를 거부한 김구金九와 김규식을 평양에 초청해서 남한 정부의 정통성을 훼손하려는 시도였다. 이 공작에서 "남조선 단독선거는 설사 실시된다 하여도 절대로 우리 민족의 의사를 표현하지 못한다"는 공동

남녀 모두 평등하게 투표

1948년 5·10 총선에서 유권자들이 투표하고 있다. 5·10 총선은 역사상 처음으로 한국인들이 선거를 통해 지도자를 뽑은 획기적인 사건이었다.

성명이 나왔다. 임시정부 주석이었던 김구와 남한의 '좌우합작'의 우익 지도자 김규식이 가담한 터라, 북한의 남한 총선거 비난 성명은 국제연합이 주재한 남한 총선거의 정당성을 심각하게 훼손했다.

이승만은 러시아 주도의 선거 방해에 적극적으로 대응했다. 그는 공산주의자들의 궁극적 충성심은 소비에트 러시아로 향할 수밖에 없다는 점을 강조했다. 그리고 이번 선거의 본질은 자유주의를 따르는 민족주의자들과 전체주의를 따르는 공산주의자들 사이의 대결임을 일깨웠다. 그리고 "민족진영에서 어떤 개인이나 어떤 단체가 승리할까가 우리의 문제가 아니요, 오직 독립주의와 독립반대주의와 또 이것도 저것도 아니고 기회만 엿보는 중간주의 이 세 가지 중에서 어떤 주의가 성공해야 될 것인가를 생각해서 투표하라"고 구체적 지침을 제시했다.

좌익이 전국에서 일제히 폭동을 일으킨 터라, 경찰력만으로는 치안을 유지하기 어려웠다. 이승만을 따르는 독촉국민회 청년단, 대한노총, 서북청년회 같은 청년단체들은 치안 유지에 적극적으로 나서서 좌익의 선거 방해에 맞섰다.

선거일이 가까워지자, 전국 각지에서 봉화 시위, 관공서 습격, 입후보자와 선거 관계자들에 대한 테러, 교량과 철도의 파괴, 전화선 끊기와 전신주 뽑기를 통한 통신 방해, 각종 시설들에 대한 방화와 같은 폭력 사건들이 일어났다.

인명 피해도 엄청났다. 선거공무원은 15명이 죽고 61명이 부상당했다. 입후보자는 2명이 죽고 4명이 부상당했다. 경관은 49명이 죽고 128명이 부상당했다. 경관 가족은 7명이 사망하고 16명이 부상당했다. 우익인사는 11명이 죽고 47명이 부상당했다. 일반인은 107명이 죽고 387명이 부상당했다. 폭도는 261명이 죽고 123명이 부상당했다.

성공적 총선거

공산주의자들의 폭력적 방해에도 불구하고, 거의 모든 선거구들에서 투표가 순조롭게 이루어졌다. 투표자들은 아침부터 긴 줄을 서서 기다렸고 흡족한 마음으로 '투표'라는 낯선 일을 치렀다. 덕분에, 끝내 투표를 진행시키지 못해서 선거가 연기된 북제주군의 2개 선거구를 빼놓은 198개 선거구에서 당선자들이 나왔다.

혹독한 환경 속에서 가까스로 태어나려는 대한민국이 '피의 세례'를 받은 것이었다. 이것은 기적이었다. 기적이란 말은 헤프게 쓰이지만, 이번만은 적절한 표현이다. 그런 기적은 유권자 8,132,517명의 96.4퍼센트인 7,840,871명이 등록했고 등록 유권자의 95.5퍼센트인 7,487,649명이 투표했다는 사실이 증언한다.

'5.10 총선거'는 선거를 통해 지도자를 뽑아 본 적이 없는 한국인들에겐 새로운 경험이었고 한국 역사에서 가장 혁명적인 사건들 가운데 하나였다. 이 점을 잘 보여준 것은 투표장의 풍경들이었다. 여성들이 투표장에 나온 것 자체가 혁명적이었다. 비밀 투표가 처음인지라, 아내가 남편을 따라 기표소에 들어가려는 일이 흔했고, 선거관리 요원들이 부부를 떼어놓느라 애를 먹었다. 기표소에서 나오면, 사람들은 흔히 선거관리 요원에게 투표지를 내밀었고 투표지를 접어서 투표함에 넣으라는 안내를 받아야 했다.

한국임시위원단은 남한의 선거가 "발언, 언론 및 집회의 자유라는 민주적 권리들이 발휘된 합당한 정도의 자유로운 분위기 속에서" 치러졌으며 "위원단이 접근할 수 있었고 한국인들의 대략 3분의 2를 이루는 주민들이 사는 한국의 지역에서 유권자들의 자유 의지의 유효한 표현을 이루었다"고 발표했다.

하지 사령관은 이번 선거가 "근대 조선 역사상에 가장 중대한 진전"이라 평했다. 이승만도 흡족한 마음으로 "금번 총선거에 90퍼센트 이상의 호성적好成績을 얻은 것은 우리 민족의 애국심을 세계에 다시 한번 표명한 것"이라고 평가했다.

이승만의 평가대로 "호성적을 얻은" 남한 총선거에서 가장 많은 것을 잃은 세력은 남북협상파였다. "남조선 단독선거는 설사 실시된다 하여도 절대로 우리 민족의 의사를 표현하지 못할 것"이라 선언했으니, 이제 국회를 중심으로 펼쳐질 남한 정치에선 설 땅이 좁아질 수밖에 없었다. 남로당의 선거 방해가 워낙 극렬했고 피해가 커서, 남북협상에 대한 기대나 지지도 크게 줄어들었다.

무엇보다도, 남북협상에서 얻은 것이 없었다. 김구는 김일성에게 "선물"을 달라고 요청하면서 감옥에 갇힌 민족지도자 조만식曺晩植을 석방해서 자신과 함께 남한으로 가도록 해달라고 부탁했다. 그러나 북한 당국은 이런 부탁마저 야멸차게 거부했다. 남북협상파의 쓸모는 이미 다한 것이었다. 결국 김구와 김규식이 이끈 남한 대표단은 남한의 총선거를 비난한 것 말고는 이룬 것 없이 돌아왔다. 두 지도자의 수행원들 가운데 상당수는 아예 북한에 남았다.

광신자들

한국임시위원단 의장 메논이 UN 본부로 떠나기 전날, 이승만은 그를 열렬히 돕는 시인 모윤숙毛允淑에게 메논을 데려와 달라고 부탁했다. 모윤숙과 메논은 연인 사이였다. 밤이 깊었으므로, 모윤숙은 거절했다. 이승만이 말했다. "나라가 흥하느냐 망하느냐 하는 고비에 밤이고 아침이고가 있나?"

모윤숙은 금곡릉에 달구경 가자고 메논을 꾀었다. 함께 차를 타고 가다가 차나 한잔 하자면서 이승만의 거처인 이화장梨花莊으로 들어갔다. 이승만이 마당으로 뛰어나와 그들을 반겼다.

이승만이 떨떠름한 메논에게 차를 대접하는 사이, 프란체스카 여사는 모윤숙에게 한지 두루마리를 건넸다. 위원단은 한국 지도자들에게 200인 이상의 날인을 받은 의견서를 요청했는데, 비서의 실수로 이승만은 뒤늦게야 마련한 것이었다. 이화장을 나오자, 모윤숙은 메논에게 두루마리를 건네면서 이실직고했다.

메논이 국제연합 본부에 머무는 일주일 동안, 이승만은 Marion Moh(모윤숙) 명의로 열 통 넘는 전보를 쳐서 자신의 주장

모윤숙(왼쪽) 시인과 유엔 한국임시위원단 의장 메논(오른쪽).
두 사람은 연인 사이였다.

을 상기시켰다. 메논은 Marion Moh에게 꼬박꼬박 답신을 보내왔다. 덕분에 이승만의 주장에 비판적이었던 메논은 적극적으로 그의 주장을 소총회에 소개했다.

이승만을 깊이 관찰한 사람들 가운데 하나는 미국 외교관 월터 로버트슨(Walter Robertson)이다. 일본이 항복한 뒤, 미국은 중국 국민당 정부와 공산당 세력 사이의 '국공휴전國共休戰'을 주선했는데, 당시 로버트슨은 미국 대통령 특사 조지 마셜 원수를 보좌했다. 이어 한국전쟁 막바지에 이승만이 반공포로들을 석방해서 온 세계가 경악했을 때, 그는 미국 대표로 이승만과 협상해서 사태를 깔끔하게 수습했다.

은퇴한 뒤에 로버트슨은 당시를 회고했다. "[이승만은] 모택동毛澤東과 같은 종류의 헌신적이고 굳센 광신자(fanatic)였다… 장개석도 그랬다." 그리고 덧붙였다. "만일 당신이 그를 그의 삶의 그런 부분으로부터 떼어낼 수 있었다면, 당신은 그보다도 더 매력적이고, 부드럽고, 점잖은 노인을 만날 수 없었을 것이다."

그러고 보면, 장개석, 이승만, 그리고 모택동은 어려운 여건 속에서 자기 신념에 맞는 나라를 세웠다. 역사의 물살이 유난히 거세었던 20세기 전반의 동아시아에서 광신자의 풍모를 지니지 않은 사람이 나라를 세울 수 있었을까? '미인계'로 자신의 품위가 떨어지는 것도 마다하지 않은 이승만의 행적이 던지는 진지한 물음이다.

韓民國大統

제6장 헌법 제정

당시 거의 모든 의원들은 내각책임제를 지지했지만, 이승만은 혼자 힘으로 대한민국 헌법이 대통령제를 채택하도록 만들었다.

제6장

헌법 제정

'5.10 총선'에서 보름 남짓 지난 1948년 5월 31일에 국회 본회의가 열렸다. 오전 회의에서 이승만이 198표 가운데 188표를 얻어 국회 의장으로 뽑혔다. 부의장엔 신익희申翼熙와 김동원金東元이 뽑혔다.

국회의장 이승만

그날 오후에 국회 개회식이 열렸다. 애국가 봉창奉唱, 국기에 대한 경례, 순국선열에 대한 묵념, 만세 삼창으로 이어진 의례가 끝나자, 이승만 의장의 식사式辭가 있었다. 그는 "우리가 오날 우리 민국 제1차 국회를 열기 위하야 모인 것"임을 지적하면서, "나는 이 대회를 대표하야 오날에 대한민주국이 다시 탄생된 것과 따라서 이 국회가 우리나라에 유일한 민족 대표기관임을 세계 만방에 공포합니다"라고 선언했다.

이어 그는 민국의 기원이 3.1독립운동임을 상기시켰다. "이 민국은 기미년 3월 1일에 우리 13도 대표들이 서울에 모혀서 국민대회를 열고 대한독립민주국임을 세계에 공포하고 임시정부를 건설하야 민주주의에 기초를 세운 것임니다."

국회를 이끄는 이승만은 헌법 제정을 서둘렀다. 북한엔 이미 오래 전에 실질적 정권이 세워진 터였다. 피할 수 없는 북한 정권과의 정통성 경쟁에선, 국제연합의 승인을 받는 것이 중요했다. 그래서 그는 9월에 파리에서 열리는 국제연합 총회에서 승인을 얻을 수 있도록 늦어도 8월 안에 헌법 제정을 마칠 생각이었다.

곧바로 위원 30명으로 이루어진 헌법기초위원회가 구성되고 10명의 전문위원들이 임명되었다. 전문위원들 가운데 가장 뛰어나다는 평판을 얻은 유진오兪鎭午 가 헌법 초안 작성을 실질적으로 주도했다.

당시 의석 분포를 보면, 김성수가 이끄는 한국민주당(한민당), 이승만을 따르는 독립촉성국민회(독촉), 그리고 무소속이 각기 3분의 1가량 되었다. 중론은 한민당이 다른 두 집단보다 약간 우세해서 제1당이 되리라고 예상했다. 자연히, 한민당과 독촉이 함께 지지하는 이승만이 집권하리라고 모두 예상했다. 불행하게도,

1948년 7월 24일 초대 대통령 취임

1948년 7월 24일 오전 10시 중앙청 광장에서 초대 대통령 및 부통령 취임식이 열렸다. 연단에 선 이승만은 "국헌을 준수하며, 국민의 복리를 증진하며, 국가를 보위하며, 대통령의 직무를 성실히 수행할 것"이라고 선서했다. 당시 모든 의원은 내각책임제를 지지했지만, 이승만은 사실상 혼자 힘으로 대한민국 헌법이 대통령제를 채택하도록 이끌었다.

한민당과 이승만 사이엔 권력 구조에 관한 논의가 없었다. 그래서 양측이 전혀 다른 생각을 품었다는 것이 뒤늦게 드러났다.

가장 큰 정당이라고 자임한 터라, 한민당은 내각책임제를 당론으로 삼았다. 그리고 유진오는 내각책임제의 신봉자였다. 그래서 헌법기초위원회의 초안은 내각책임제를 바탕으로 성안되었다.

이승만의 생각은 달랐다. 그는 한국의 처지에선 대통령제가 내각책임제보다 훨씬 낫다고 여겼다. 원래 그는 미국의 대통령제를 최선의 제도로 신봉했다. 다양한 지역들과 더욱 다양한 구성원들로 이루어진 미국 사회가 자유롭고 번영하는 것은 미국의 권력 구조가 최선임을 보여준다고 믿었다. 그는 미국의 대통령제가 움직이는 방식에 대해 잘 알았고 그런 지식 덕분에 미국에서 독립 운동을 놀랄 만큼 효과적으로 펼칠 수 있었다. 내각책임제에 대해선, 그것이 입헌군주제에서 연유했음을 그는 깊이 인식했다. 그래서 내각책임제는 본질적으로 민주정체와 잘 어울리지 않으며, 군주가 없는 나라에선, 내각이 안정적으로 기능하기 어렵다고 생각했다.

그러나 대세는 내각책임제로 기울었다. 이승만이 헌법기초위원회의 회의장을 찾아 대통령제를 지지한다는 뜻을 밝혔지만, 위원회는 그의 뜻을 무시하고 내각책임제에 바탕을 둔 초안을 의결했다.

그러자 이승만은 위원회에 나와서 내각책임제를 반대하는 연설을 했다. 연설을 마치면서, 그는 선언했다. "만일 이 초안이 그대로 국회에서 헌법으로 채택된다면, 나는 어떠한 지위에도 취임하지 않고 민간으로 남아서 국민운동이나 하겠소."

이승만의 선언에 의회는 멈칫했고 정국은 얼어붙었다. 그는 공산주의자들의 폭동에 맞서서 5.10총선거를 성공적으로 마무리한 민족 지도자였다. 그리고 모든 사람들이 집권해서 나라를 이끌리라고 여긴 정치 지도자였다. 그를 대신할 지도자는 없었다.

그날 늦게 김성수의 자택에 한민당 요인들이 급히 모여 대책을 논의했다. 이승만의 뜻을 따라 대통령제로 바꾸는 것이 현실적이라는 결론이 나왔지만, 그 작업도 쉽지 않았다. 그러자 김준연金俊淵이 나섰다. 학식과 경력이 뛰어나서, 그는 한독당 자객들에게 암살된 장덕수張德秀의 뒤를 이은 한민당의 이론가였다. 연필을 들고 헌법 초안에서 몇 군데를 고치더니, 그는 김성수에게 내밀었다. "자, 이만하면 되었습니다."

김성수는 급히 유진오를 불렀다. 김준연이 고친 초안을 보자, 유진오는 기형적 정부가 되리라고 경고했다.

김준연이 물었다. "앞뒤 연락은 되지요?"

유진오가 대답했다. "네. 연락은 됩니다."

그렇게 만들어진 터라, 그 초안은 내각책임제와 대통령제가 절충된 모습을 할 수밖에 없었다. 원안에 들어있던 대통령의 국회 해산권과 국회의 내각 불신임권이 삭제되고 대통령의 임기가

5년에서 4년으로 줄어들었다. 이 수정안이 안은 가장 큰 문제는 대통령을 국민들이 아니라 국회의원들이 뽑는다는 것이었다. 그러나 다시 대통령 선거를 치르는 것은 비현실적이라는 데 모두 동의했으므로, 결국 대통령 간선제가 채택되었다.

1948년 7월 17일 국회의사당에서 열린 '헌법 및 정부조직법 공포식'에서 이승만은 헌법 정본 2부(국한문본과 한글본)에 서명했다. 이어 헌법이 마련되었음을 세상에 알렸다. "3천만 국민을 대표한 대한민국 국회에서 헌법을 제정하야 3독 토의로 정식 통과하야 오날 이 자리에서 나 이승만은 국회의장 자격으로 이 간단한 예식으로 서명하고 이 헌법이 우리 민국의 완전한 국법임을 세계에 선포합니다."

대통령제에 대한 역사적 평가

당시 거의 모든 의원들은 내각책임제를 지지했지만, 이승만은 혼자 힘으로 대한민국 헌법이 대통령제를 채택하도록 만들었다. 이 일에 대한 역사적 평가는 어떠한가?

이승만이 하야한 뒤, 1960년 6월에 헌법이 개정되어 내각책임제가 채택되었다. 그 헌법에 따라, 8월에 장면張勉 내각이 출범했다. 그러나 압도적 다수당이 된 민주당은 신파와 구파로 분열되어 치열하게 다투었다. 그래서 신파가 꾸민 장면 내각은 9개월 동안에 세 차례나 개각을 했다.

게다가 윤보선尹潽善 대통령은 구파여서 끊임없이 장면 내각을 비난하고 견제했다. 특히 대통령이 군통수권을 가져야 한다고 주장해서, 장면 총리와 다투었다. 이것은 치명적 실책이었으니, 장면 내각은 군부 안에서 정변의 움직임이 이는 것을 알아차리지 못했고, '5.16군부정변'이 성공함으로써 헌법에 따른 체제가 무너졌다.

다른 나라들에서도 비슷한 사례를 찾을 수 있다. 대표적인 것은 제2차 세계대전 뒤에 세워진 프랑스 제4공화국의 경험이다. 당시 프랑스 사회는 독일군에 점령되었던 비참한 경험, 독일에 부역한 비쉬(Vichy) 정권이 부른 깊은 사회적 분열, 그리고 노동조합을 장악한 공산당의 끊임없는 선동과 파업으로 사회가 무척 불안했다. 내각책임제를 채택한 제4공화국은 이처럼 불안정한 상황에 대응할 수 없었다. 특히 해외 식민지들에 대한 합리적 정책을 추진할 수 없어서, 인도차이나에서 공산당 반군에 비참하게 패배했다. 그래서 1946년부터 1958년까지 12년 동안에 무려 21개 정권이 들어섰다. 결국 국민투표를 통해서 제4공화국은 해체되었다. 대신 대통령제를 채택한 제5공화국이 들어섰다.

따라서 사회가 불안하고 응집력이 약한 상황에선 내각책임제를 도입하는 것이 위험하다는 이승만의 판단을 역사는 지지하는 셈이다. 특히 내각책임제에선 행정에 직접 간여하지 않는 국가원수의 기능이 정부의 영속성에 중요하다는 것이 드러났고, 정부의 영속성을 유지하는 데에 선 세습 군주가 선거를 통해서 뽑힌 대통령보다 훨씬 우월하다는 교훈을 보여주었다.

1960년은 대한민국이 불법적으로 침입한 북한군과 중공군을 물리쳐 국방을 확고히 한 뒤 사회적 안정을 이룬 때였다. 이런 시절에도 내각책임제는 안정적으로 움직이기 어려웠다. 헌법이 제정된 1948년은 남한 사회가 극도로 불안하고 응집력이 없었던 시절이었다. 실제로 대한민국 정부가 출범한 지 두 달 뒤에 국군의 일부가 반란을 일으킨 '여수순천 반란사건'이 일어났다. 그런 상황에서 국회 기반이 약하고 임기가 보장되지 않은 국무총리가 제대로 통치해서 위기를 극복할 수 있었을까?

헌법에 서명하는 이승만

1948년 7월 17일 국회의사당에서 열린 '헌법 및 정부조직법 공포식'에서 이승만이 헌법 정본에 서명하는 모습.

대통령제가 채택되면서, 가장 큰 손해를 본 세력은 국회에서 세력이 가장 컸던 한민당이었다. 이승만에 대한 국민들의 지지가 절대적이었으므로, 대통령제를 유지하는 한, 한민당은 집권할 수 없었다. 자연히, 한민당은 내각책임제를 도입하려 애썼다. 마침내 1950년 1월에 한민당의 후신인 민주국민당이 내각책임제 개헌안을 국회에 상정했다. 이어진 격렬한 대결에서 이승만 지지 세력이 이겨서, 대통령제는 유지되었다.

북한의 '지하 선거' 공작

남한 총선거가 성공적으로 실시되어 국회가 구성되었어도, 러시아는 남한 정부 수립을 방해하는 공작을 멈추지 않았다. 러시아는 남한에 들어설 자유주의 정권보다 북한에 이미 들어선 전체주의 정권이 정통성에서 우위를 확보하도록 하는 데 주력했다. 1948년 7월에 38선을 넘어온 남로당 요원들의 주관 아래 군 단위로 대표자들을 뽑는 '지하 선거'가 남한 전역에서 실시되었다. 이렇게 뽑힌 대표자들이 북한 최고인민회의를 구성하는 대의원들을 뽑을 터였다.

물론 제대로 된 선거가 아니라 남로당이 지명한 후보를 지지하는 공산당식 선거였다.

> 5.10선거가 지나고 얼마 안돼 동네 청년들은 집집마다 다니면서 도장을 받아갔다. 우리 아버지는 물었다. "무슨 도장이라?"
>
> "인민위원 선거하는 거우다."
>
> 아버지는 도장을 내주면서 다시 물었다. "무사 5.10선거 때

는 투표 못하게 산으로 내쫓더니 이번은 도장 받아 감서?"
"그땐 남조선 단독선거 아니우꽈! 이번은 통일 조선 선거라 마씸!" 하고 도장 찍고 갔다.
"이건 무슨 소리인지 원… 알 수가 없는 세상일세" 하고 아버지는 한숨을 쉬셨다.

[현임종, '내가 겪은 4.3', 「본질과 현상」 2018년 여름호]

남한 전역에서 '지하 선거'를 성공적으로 치른 남로당 요원들은 다시 월북했다. 그들은 해주에 모여 인민대표자대회를 열고서 남한에 배정된 360명의 대의원들을 뽑았다.

'4.3사건'을 주도한 김달삼은 제주도 대표자들을 이끌고 대표자대회에 참석했다. 제주도에서 세운 혁혁한 전과 덕분에, 그는 박헌영이 주재한 그 대회에서 열렬한 환영을 받았다. 그는 "제주도 투쟁"의 승리에 기여한 으뜸 요인으로 "인민과의 연계! 인민의 지지!"를 꼽았다.

이어 김달삼은 북한 최고인민회의 제1기 대의원에 선출되었고 국기 훈장 2급을 받았다. 9월엔 김일성 등 49인으로 만들어진 조선민주주의인민공화국 헌법위원회 헌법위원으로 선출되었다. '지하 선거'를 통해서 뽑힌 대표자들이 북한의 선거에 참여함으로써, 적어도 외형적으로는, 북한 지역 대표들을 뽑지 못한 남한의 총선거보다 튼실한 명분을 갖추었다.

제7장 건국 과정의 완결

1948년 7월 20일 국회에서 정·부통령 선거가 있었다. 재적의원 198명 가운데 196명이 출석해서 투표했는데, 이승만이 180표를 얻어 대통령에 당선되었다. 그리고 같은 해 파리 국제연합총회의 마지막 날인 12월 12일 미국, 중국 및 오스트레일리아가 공동 발의한 결의안이 총회에 회부되고, 통과되었다. 핵심적 내용은 대한민국이 한반도의 유일한 합법 정부라는 것이었다.

제7장

건국 과정의 완결

1948년 7월 20일 국회에서 정·부통령 선거가 있었다. 재적 의원 198명 가운데 196명이 출석해서 투표했는데, 이승만이 180표를 얻어 대통령에 당선되었다. 부통령엔 대한민국 임시정부의 원로였던 이시영李始榮이 당선되었다.

대통령 이승만

7월 24일 부슬비 내리는 중앙청 광장에서 정부통령 취임식이 열렸다. 이승만은 "나 이승만은 국헌을 준수하며, 국민의 복리를 증진하며, 국가를 보위하며, 대통령의 직무를 성실히 수행할 것을 국민에게 엄숙히 선서한다"고 선언했다. 그는 그날 오후부터 집무했다.

먼저 처리할 일은 내각을 꾸미는 일이었다. 자리는 적고 지망자는 넘치는 터라, 조각은 어려울 수밖에 없었다. 우여곡절 끝에 이 대통령은 이범석을 국무총리로 삼아 내각을 꾸몄다. 늘 정파에서 초연하려고 애써온 그는 자신을 지지한 한민당의 과도한 요구를 물리치고 거국내각의 면모를 지닌 내각을 꾸몄다. 중요하고 어려운 과제로 꼽힌 농지 개혁을 주도할 농림부장관에 공산주의자 조봉암曺奉岩을 기용한 데서 그 점이 잘 드러났다.

마침내 1948년 8월 15일 오전 중앙청 광장에서 대한민국 정부수립 선포식이 열렸다. 이 대통령은 "오날에 거행하는 이 식은 우리의 해방을 기념하는 동시에 우리 국민이 새로 탄생한 것을 겸하여 경축하는 것입니다"라고 식전式典의 뜻을 밝혔다.

이어 그는 "건국 기초의 요소가 될 만한 몇 조건"으로 (1) 민주주의에 대한 전적인 믿음, (2) 민권과 개인 자유의 보호, (3) 사상의 자유에 바탕을 둔 포용적 태도, (4) 정부와 법에 대한 충성, (5) 생활수준의 향상, (6) 한미 협력과 경제 원조를 들었다. 그리고 "이 정부가 대한민국에 처음으로 서서 끝까지 변함이 없이 민주주의의 모범적 정부임을 세계에 표명되도록 매진할 것을 우리는 이에 선언합니다"라고 연설을 매듭지었다.

이어 도쿄에서 찾아온 맥아더 사령관을 비롯한 외빈들의 축사가 이어졌다. 하지 사령관은 "재조선 미군정부는 오늘밤 자정으로

1948년 8월 15일 중앙청 광장에서 열린 대한민국 정부 수립 선포식에서 이승만과 맥아더 연합군 최고사령관이 나란히 앉아있다. 이승만은 선포식에서 "대한민국 정부가 끝까지 변함없이 민주주의의 모범적 정부임을 세계에 표명되도록 매진할 것"이라고 선언했다.

폐지되고 한국주둔 미군사령부 민사처가 생긴다"고 발표했다.

실질적 건국 과정

우리 대한민국 시민들에게 대한민국 정부수립 선포식은 가장 뜻깊은 식전이고 이 대통령의 식사는 가장 뜻깊은 연설이다. 그래서 우리는 1948년 8월 15일에 어떤 날보다 더 깊은 뜻을 둔다. 그래도 당시 상황을 살피면, 우리는 그날의 뜻 깊은 식전도 선언적 사건이었음을 깨닫게 된다.

대한민국을 실제로 세우는 일은 힘들 뿐 아니라 오래 걸릴 수밖에 없었다. 남한 사회는 가난했고 불안했고 심각한 문제들이 겹쳐 있었다. 그러나 그런 문제들을 해결할 행정 조직은 허약했고 재정은 빈약했다. 오랫동안 식민지 체제에서 살았으므로, 국민들은 생활수준과 지식수준이 낮았다. 따라서 국가를 운영할 만한 인적 자원이 크게 부족했는데, 행정 경험을 지닌 사람들은 '친일파'로 간주되어 인적 자원이 더욱 빈약해졌다. 중일전쟁에서 태평양 전쟁으로 이어진 전시 체제 아래 사람들의 삶이 피폐했으므로, 쓸 데는 많은 데 세금을 거두기는 어려웠다.

당장 급한 것은 해외와 북한에서 온 수백만 동포들을 재우고 먹이는 일이었다. 북한이 전기를 끊은 터라, 발전 시설이 없는 남한에선 산업이 마비되었고 일자리는 줄어들었다. 비축된 식량이 없었으므로, 쌀값은 빠르게 올랐고, 걷잡을 수 없는 물가 상승이 경제를 위협했다.

치안도 극도로 불안했다. 남로당은 아직도 준동했고 4.3사건도 평정되지 못했다. 이처럼 어지러운 상황에서 공산주의자들의 주동으로 여수 주둔 14연대 병력이 반란을 일으켰다. 이어 대구, 김천, 나주 등지에 주둔한 부대들이 봉기했다. '여수순천 반란사건'이라 불리는 이 봉기는 북한의 실질적 통치자 쉬티코프가 "남조선 군대의 장악"을 김일성과 박헌영에게 지시한 데서 비롯했다.

자연히, 군대에서 공산주의자들을 몰아내는 일이 긴급했다. '숙군肅軍'이라 불린 이 정화 작업은 위험했고 불완전했다. 그래서 6.25전쟁이 일어났을 때, 육군과 해군의 요직들엔 북한에 충성하는 고급 장교들이 있었다. 다행히, 이 사건을 계기로 강력한 보안 조치가 필요하다는 인식이 퍼져서, '국가보안법'이 제정되어 공산주의자들의 암약에 효과적으로 대응할 법적 기반이 마련되었다.

이처럼 어려운 시기에 좌익 성향의 '소장파' 국회의원들의 주도로 '반민족행위처벌법(반민법)'이 만들어졌다. 반민법의 목적은 식민지 시기에 일본 제국의 이익을 위해 일하면서 조선 민족의 이익을 크게 해친 사람들의 처벌이었다. 반민법이 본질적으로 정화법淨化法이었으므로 법의 기본 원칙인 '형벌불소급 원칙'을 어길 수밖에 없었다. 당연히, 처벌이 조심스러워야 했다. 조선에 대한 일본의 실질적 지배가 두 세대에 걸쳤으므로, 더욱 그러했다.

불행하게도, 반민법은 범위와 처벌에서 비현실적으로 보복적이었다. 특히 경찰관들을 처벌 대상으로 삼아 마구 체포하는 바람에, 경찰이 집단적으로 반발해서 치안이 크게 흔들렸다. 결국 사회를 정화해서 융합시킨다는 목적을 지닌 법이 오히려 사회 분열을 심화시켰다.

국제 정세도 긴박했다. 1948년 9월의 파리 국제연합 총회에서 대한민국이 승인을 받도록, 정부는 대표단을 보냈고 특별사절단으로 하여금 주요 국가들을 순방하도록 했다. 그러나 여러 나라들이 남한 단독 정부는 "한국을 영원히 분단시킨다"는 주장으로부터 영향을 받았다. 그런 상황에서 김구와 김규식을 중심으로 한 남북협상파는 국제연합 사무총장에게 편지를 보내 "어떤 한인이든지 자유의사로 말하라 하면 반쪽 조국 위에 세워진 정부를 자기의 통일 정부라고 부르지 아니하며, 그 정부가 자기들의 행복을 줄 것이라고 승인하지 아니하리라"고 주장했다.

총회 마지막 날인 12월 12일에 미국, 중국 및 오스트레일리아가 공동 발의한 결의안이 총회에 회부되었다. 핵심적 내용은 대한민국이 한반도의 유일한 합법 정부라는 것이었다. 이 결의안은 찬성 48표, 반대 6표, 기권 1표로 통과되었다.

당시 중국에서 정부군이 공산군에 패배한 터라, 남한에선 위기감이 더욱 높아졌다. 이런 상황에서 러시아가 한반도에서 자기 군대를 1949년 1월 1일까지 철수시킨다고 발표하고서 미국도 함께 군대를 철수하자고 제안했다. 김구는 러시아의 결정을 환영하며 미국도 본받아야 한다고 주장했다. 다급해진 이 대통령은 내외 기자들과의 회견을 통해 "한국이 국방군을 건설할 때까지 미국은 남한에서 군대를 철수하지 않는다"는 약속을 하라고 미국에 촉구했다.

이 대통령은 미군 철수를 막으려고 무던히도 애썼지만, 미국의 기본 정책에 관한 일이라서, 어찌할 수 없었다. 그는 무기라도 제대로 얻으려 애썼지만, 미국은 자신에게 별 쓸모가 없는 무기들에도 인색했다. 중국에서 정부군이 패배하도록 만든 공산주의자들이 백악관과 국무부를 여전히 장악하고 있었다. 마침내 1949년 6월에, 군사고문단 5백 명 만을 남기고, 7만 명가량 되었던 미군이 모두 한국을 떠났다.

이처럼 어려운 여건 속에서도 이승만 정권은 어려운 문제들에 대응하면서 국정을 잘 운영했다. 덕분에 대한민국은 빠르게 안정되었고 뿌리를 내렸다. 이 점은 경제적 평등과 농업 발전에 필수적이라고 여겨진 농지 개혁에서 잘 드러난다. 농지 개혁에서 핵심은 농지를 내놓는 지주에 대한 보상액과 농지를 분배받은 농민의 상환액이었다. 오랜 논의 끝에, 보상액과 상환액을 '당해 농지의 주생산물 생산량'의 150%로 해서 5년간 균분하기로 되었다. 정부의 재정 부담 없이 개혁을 이룰 수 있게 된 것이었다. 그리고 1950년 5월까지 분배 대상 농지의 70~80%가 실제로 분배되었다.

1950년 5월 30일엔 2대 국회의원 선거가 자유롭고 공정하게 치러졌다. 신생 국가가 맞는 가장 큰 정치적 위험은 첫 지도자의 독재다. 그래서 자유롭고 공정한 선거를 다시 치르는 것이 건국 과정의 마지막 시험이다.

2대 국회의원 선거에선 여당을 자임한 대한국민당이 71석에서 24석으로 줄어들었고 제1야당인 민주국민당은 69석에서 24석으로 줄어들었다. 반면에, 무소속은 무려 126석을 얻어 전체 의석 210석의 60%를 차지했다. 이런 의석 분포는 선거가 자유롭고 공정하게 치러졌음을 유창하게 말해주었다. 이렇게 해서, 대한민국은 어려운 마지막 시험을 거뜬히 통과하고 튼실한 자유민주주의 국가가 되었다. 마침내 건국의 과업이 마무리된 것이었다.

이 선거가 치러지고 채 한 달이 안 되어 일어난 6.25전쟁은 그 사실을 확인해 주었다. 초기 전투에서의 완패라는 충격에도 대한민국은 무너지지 않았다. 그리고 끝내 북한군을 물리쳤다.

귀속 재산의 처분

미군정청은 일본 정부와 일본인들이 남한에서 소유했던 재산을 모두 자신에게 귀속시켰다. 그래서 이 재산은 미군정청에 귀속된 재산(vested property)이라 불리게 되었다. [대한민국이 선 뒤엔, 귀

속 재산은 흔히 적산敵産이라 불렸다.]

이런 귀속재산은 다양하고 방대했으니, 사회간접자본, 공공시설, 산업 시설 및 각종 무형자산을 포함했다. 자연히, 가치도 엄청나서 당시 남한의 총 자산의 80퍼센트를 넘었다.

귀속재산 가운데 산업 시설이 문제가 되었다. 다른 재산들은 정부나 공공기관들에 이전될 터였지만, 산업 시설은 시장 경제를 지향하는 남한에선 시민들에게 분배되어야 했다. 당시 여론은 대기업들도 정부 기업으로 만들어야 한다고 여겼다. 이 대통령은 이런 여론을 거스르면서 대기업들도 시민들에게 불하되도록 했다. 이 조치는 우리 사회가 시장경제를 지향해서 경제 발전을 이루는 과정에 결정적 기여를 했다.

아울러, 귀속 재산의 처분 과정도 공정했다. 정부 재산의 민간 불하엔 부정이 따르게 마련이다. 비록 많은 추문들이 일었지만, 객관적 기준으로 살피면, 귀속 재산 불하는 놀랄 만큼 깨끗했다.

1990년대에 명령경제 체제가 시장경제 체제로 바뀔 때 나온 상황은 이 점을 보여준다. 소비에트 러시아의 방대한 국유재산의 불하 과정에선, 엄청난 부패를 통해 과두재벌들(Oligarchs)이 생겨났다. 과두재벌들은 시장경제로의 전환을 시도한 미하일 고르바초프 시절에 이미 나왔고, 보리스 옐친과 블라디미르 푸틴의 통치 아래 빠르게 커졌다. 이들은 국유재산을 헐값에 불하받았을 뿐 아니라, 재산을 해외로 빼돌렸다.

이런 부패는 기업가들과 정치 지도자들 사이의 유착에서 나왔다. 당연히, 정치 지도자들도 큰 재산을 모았다. 해외 원조를 받은 나라들에서 원조 자금이 해외로 새나가는 일도 흔하니, 아프가니스탄과 이라크의 지도층에 만연한 부패는 잘 알려졌다. 이승만 정권에선 이런 종류의 국부 약탈이 전혀 없었다. 이 대통령의 전설적 청렴이 그런 부패가 나오는 것을 막았다.

제8장 6·25 전쟁의 초기 대응

이 대통령의 초기 대응은 감탄할 만큼 침착하고 적절했다. 북한의 전면 침공 보고를 받은 것은 6월 25일 10시였다. 11시 35분 주한 미 대사 존 무초가 경무대에 도착했다. 무초와의 협의가 끝나자, 이 대통령은 국무회의를 소집했다. 6월 26일 새벽 3시 맥아더 원수에게 전화를 걸어 전투기를 요청했다.

그러나 이런 엄연한 사실은 음모 속에 파묻혔고, 라디오 방송으로 '서울은 안전하니 생업에 종사하라'고 시민들에게 당부하고서 혼자 서울을 탈출한 다음 한강 다리를 끊었다는 터무니없는 거짓이 널리 퍼졌고 지금도 유령처럼 떠돌고 있다.

제8장

6.25전쟁의 초기 대응

6.25전쟁이 일어났을 때, 북한군이 누린 우위는 절대적이었다. 그래서 시작되기도 전에 결판이 난 전쟁이라고 북한 지도자들은 믿었다. 김일성은 미국의 개입을 걱정하는 스탈린에게 "미군이 조선 반도에 상륙하기 전에 남조선을 다 점령할 수 있다"고 장담했다.

이승만 대통령이 북한의 전면 침공 보고를 받은 것은 6월 25일 10시였다. 이후 엇갈리는 보고들이 올라오는 상황에서도 그는 두루 살피고 멀리 내다보면서 과감하게 대응했다.

이 대통령의 응급조치

먼저, 이 대통령은 존 무초(John Muccio) 미국 대사와 상황에 대한 의견을 공유했다. 무초는 11시 35분에 경무대로 들어왔다. 이 대통령은 당장 필요한 무기들과 탄약들을 요청했다. 절실한 무기들은 105밀리 곡사포 90문, 박격포 700문, 그리고 소총 4만정이었다. 경무대에서 나오자, 무초는 곧바로 맥아더 원수에게 필요한 무기들과 탄약들을 보내달라고 요청했다.

무초와의 협의가 끝나자, 이 대통령은 국무회의를 소집했다. 그 사이에 그는 주미대사관에 전화해서 활동 지침을 주었다. 장

존 무초 (John Joseph Muccio)
이승만 대통령은 존 무초 미국대사와 전쟁 상황에 대한 의견을 공유했다. 무초 대사는 곧바로 맥아더 원수에게 필요한 무기들과 탄약을 보내달라고 요청했다.

면 주미대사는 곧바로 국무부를 찾아 지원을 요청했다.

이 대통령은 당장 필요한 무기가 전투기라는 것을 깨달았다. 북한군의 침공은 육해공군이 동원된 입체적 작전이었다. 러시아군의 최신형 전차를 앞세운 육군의 공격은 아군을 압도했지만, 진출에 시간이 걸렸다. 해군의 상륙 작전은 아군의 분전으로 실패했다. 그러나 공군의 공습엔 아군이 대항할 길이 없었다. 후방인 서울 일대가, 심지어 경무대까지도, 북한의 공습에 노출되었다. 북한군의 공습은 미군의 파병을 막기 위해서 김포 비행장의 파괴에 집중되었다.

26일 이른 새벽에 이 대통령은 맥아더 원수에게 전화를 걸었다. 부관은 원수가 자고 있어서 받을 수 없다고 대답했다. 새벽 세 시에 전화가 걸려왔으니, 그로선 당연한 반응이었다.

그러나 상황이 워낙 다급하고 남한의 방위에 관심이 없었던 미국 정부에 대한 분노가 가득했던 터라, 이 대통령은 그 대답에 폭발했다. "좋소. 한국에 있는 미국 시민들이 하나씩 죽어갈 터이니, 원수가 잘 주무시도록 하시오."

이 말은 '미국 시민들을 하나씩 처형하겠다'는 뜻으로 읽힌다. 프란체스카 여사가 일기에서 "나는 너무나 놀라 수화기를 가로막았다"고 쓴 것을 보면, 그녀도 그렇게 들은 듯하다.

그의 노성怒聲에 놀란 부관이 맥아더를 깨우자, 그는 맥아더에게 상황을 설명했다. 맥아더는 곧 전투기들을 보내겠다고 약속

전황 브리핑 받는 이승만과 정부 요인들

6.25전쟁 당시인 1950년 7월 정부가 옮겨간 피란지 부산에서 전황 브리핑을 받고 있는 정부 요인들. 앞줄 왼쪽부터 이승만 대통령, 신익희 국회의장, 장면 주미대사, 무초 주한 미국 대사.

비행장에서 이승만 박사가 맥아더(MacArthur) 장군을
반갑게 맞이하고 있다. 이승만 박사 왼쪽이 프란체스카
여사, 맥아더 장군 오른쪽에 하지(Hodge) 장군.

했다. 그날 오전 미군 극동군 사령부의 참모가 수원 기지를 찾아서 상황을 점검했다. 그는 김정렬金貞烈 공군 참모총장에게 물었다. "한국군 조종사들 가운데 F-51(머스탱) 전투기를 별다른 훈련 없이 조종할 수 있는 사람이 몇이나 됩니까?" 잠시 생각한 뒤, 김 총장은 대답했다. "열 명은 됩니다." 그 참모는 "그러면 10대를 지원할 터이니, 그 조종사들이 수원 기지에서 대기하도록 해주십시오. 내일 수송기를 보내겠습니다."

그렇게 해서, 이근석李根晳 대령을 비롯한 10명의 경험 많은 조종사들이 일본에 파견되어 훈련을 받았다. 7월 2일 이들이 조종하는 전투기 10대가 수원 기지에 도착했다. 이들은 곧바로 북한군과의 전투에 투입되었다.

이 대통령은 신성모申性模 국무총리 서리 겸 국방부장관에게 "군사 지식을 갖춘 유능한 사람들 몇 명의 자문을 받아 적절한 조치를 취하라"는 지시를 내렸다. 이 자문 회의에서 김홍일金弘壹 소장이 한강에 방어선을 칠 것을 제안했다. 결국 이 방안이 채택되어 북한군의 남하를 막아 시간을 버는 데 성공했다.

이 대통령은 상황이 위급해질 때까지 서울에 머물면서 일을 처리했다. 자칫하면 경무대가 피습될 수 있다는 보좌진의 판단을 따라, 그는 27일 새벽 3시에 경무대를 나왔다. 북한군 전차 부대가 청량리까지 들어왔다고 경찰이 보고한 시각이었다. 차량과 기관사를 수배하느라 시간이 걸려서, 경무대 요원들이 탄 기차는 4시에야 서울역을 떠났다. 그리고 대전을 임시수도로 삼았다.

이 대통령이 하지 않은 일들

여기서 우리는 이 대통령이 하지 않은 일들을 살펴야 한다. 부족하고 혼란스러운 정보들에 의존해서 중대한 결정들을 내려야 하는 상황에선 어떤 인물이 고르지 않은 선택들도 그의 됨됨이와 판단력에 대해 말해준다. 무초 대사와 처음 만나 상의했을 때, 이 대통령은 계엄령을 선포하겠다고 말했다. 그것은 당연한 절차였다. 그러나 그는 계엄령을 선포하지 않았다. 미군이 참전한 7월 8일에야 비로소 선포했다. 그렇게 늦춘 이유는, 계엄령을 선포하면, 북한군과의 싸움에 모든 자원을 투입한 국군에 계엄 업무가 추가된다는 사정이었다.

이 대통령이 하지 않은 일들 가운데 가장 중요한 것은 북한에 항복하지 않은 것이었다. 당장 해야 할 일들을 하고 난 6월 25일 늦은 밤이 그에겐 고뇌의 시간이었다. 침공한 북한군과 싸워야 하는데, 우리는 싸울 힘이 없었다.

정치 지도자로서 그는 항복을 고려해야 했다. 어차피 지는 전쟁이라면, 빨리 항복해서 피해를 줄이는 것이 합리적이었다. 그가 조기 항복을 고려 대상에서 처음부터 제외하지 않았음은, 그래서 깊은 고뇌의 시간을 가졌음은, 그의 전기에 생생하게 기술

되었다.

> 서울의 무초 대사도 도쿄의 맥아더 장군도 이 대통령에게 미국의 지원에 관해 확언을 해줄 수 없었으니, 그런 결정은 24시간 가량 지난 뒤에야 비로소 워싱턴에서 나왔다. 반면에, 이 [대통령]은 체코슬로바키아와 중국이 항복했을 때 적어도 일시적으로는 관대한 대우를 받았음을 떠올릴 수 있었다. 남한에 진정한 군대가 없고 외국으로부터 실질적 도움을 받을 정당한 희망도 없었으므로, 침공해온 적군을 패배시킬 가능성은 너무 작아서 절망적이었다. 그래도 이 대통령은 항복이 아니라 저항을 명령했다.
>
> [로버트 올리버, 『이승만: 신화 뒤의 사람』]

위에서 살핀 것처럼, 북한의 전면적 침공에 대한 이 대통령의 초기 대응은 훌륭했다. 정보가 부족하고 그나마 엇갈리는 상황에서도, 그는 할 일을 하고 안 할 일은 안 했다. 군대를 지휘해본 적이 없는 그가 이처럼 뛰어난 위기 관리 능력을 보인 것은 그의 지도력의 모습을 보여준 또 하나의 사례다.

이 대통령의 행적에 대한 오해

이처럼 이 대통령의 초기 대응은 감탄할 만큼 침착하고 적절했다. 그러나 전쟁 초기의 그의 행적에 대한 일반적 평가는 높지 않다. 그가 라디오 방송으로 '서울은 안전하니 생업에 종사하라'고 시민들에게 당부하고서 혼자 서울을 탈출한 다음 한강 다리를 끊었다는 얘기가 널리 퍼졌고 지금도 그 얘기가 사실로 여겨지고 있다.

이 문제를 조사한 연구자들은 모두 그런 얘기가 근거가 없다고 언명한다. 이 대통령은 그런 방송을 한 적이 없다. 한강교 폭파도 전적으로 군사적 판단에 의한 국군 지휘부의 결정이었고 그는 관여하지 않았다. 연구자들은 그가 대전에서 한 방송 연설과 국군의 선무 방송이 비슷한 시기에 나오면서, 두 방송의 내용이 사람들의 기억에서 뒤섞인 것으로 추론한다.

서울을 떠난 이 대통령은 대구까지 내려갔다. 사흘 동안 잠도 제대로 못 자면서 다급한 일들을 처리하느라 지친 터라 (그는 이제 75세였다), 그는 대구에 도착해서야 잠에서 깼다. 대구까지 내려온 것을 깨닫자, 그는 곧바로 기차를 돌려서 대전으로 향했다.

그때 그는 미국 대사관으로부터 미국이 국제연합의 결의에 따라 참전하기로 결정했다는 소식을 들었다. 그 소식을 전한 에버레트 드럼라이트(Everett Drumright) 참사관은 그에게 "이것은 당신들의 전쟁이 아니라 우리의 전쟁입니다"라고 언명했다. 한껏 고

무된 이 대통령은 이 기쁜 소식을 온 국민들과 방송을 통해 나누었다.

공교롭게도, 이 대통령의 방송 연설에 앞서 국방부가 "국방군이 현 전선[서울]을 고수할 것"이라는 내용의 선무 방송을 했다. 선무 방송은 으레 민심을 안정시키기 위해 상황을 낙관적으로 전망한다. 두 방송이 사람들의 기억에서 뒤섞이면서, 그의 행적에 대한 논란이 일게 되었다.

이런 종류의 거짓 소문들은 모두 자연발생적이어서, 사람들이 쉽게 믿고 널리 퍼진다. 이제 이 대통령이 혼자 도망쳤다는 소문은 정설로 굳어져서, 그의 업적과 명성에 큰 흠집을 낸다.

이 거짓 소문을 반박하기는 쉽지 않다. '무엇을 했다'는 주장은 증거를 하나라도 내놓으면, 증명이 된다. 반면에, '무엇을 하지 않았다'는 주장을 증명하기는 무척 어렵고 흔히 불가능하다. '부재의 증거(evidence of absence)'라 불리는 이 문제는 철학적, 법적 및 과학적으로 어려운 논점이다. 연구자들이 그 소문이 근거가 없다고 주장해도, 별다른 효과가 없는 것은 이런 사정에서 나온다.

딱한 일이다. 따라서 그 소문의 내용이 이승만이라는 인물의 평소 행태와 평생의 행적과 어긋난다는 점을 지적하는 편이 그래도 효과가 있다. 그런 지적은 그 소문의 논리적 근거가 아주 약하다는 점을 부각시킨다.

북한군의 침공 소식을 들은 뒤부터 서울을 떠나기까지 이 대통령이 보인 행태는 하나 하나가 그 점을 부각시킨다. 더욱 강력한 논거는 그가 서울을 떠난 직후 보인 행태다. 만민공동회를 이끌 때부터 죽을 때까지, 자신이 맞은 위험에 움츠러든 적이 없는 이 위대한 혁명가의 모습을 우리는 다시 한번 생생하게 만난다.

> 전쟁 닷새째인 6월 29일, 이 대통령과 무초 대사는 수원에서 맥아더 원수를 만나기 위해 경관측기 두 대로 임시 수도가 된 대전을 떠났다. 그들이 가는 도중에, [북한군의] 야크(Yak) 전투기 한 대가 그들을 공격하려 시도했고, 조종사들이 골짜기 전후에서 나무 높이로 항공기들을 낮게 기동함으로써 겨우 피할 수 있었다.
>
> 「라이프」지의 사진기자 데이비드 던컨은 항공기들이 착륙했을 때 수원에 있었는데, 그는 그들의 도착 광경을 감동적으로 전한다: "이 대통령은 나이 많은 사람치고는 상당히 정력적인 사람이라고 나는 속으로 생각했다. 그가 막 견뎌낸 일을 알게 되자, 그의 삶에서 그렇게 노출된 순간에도 평정한 마음을 지닌 데 대해 깊은 감탄을 품을 수밖에 없었는데, 그보다 더하게, 우리가 비행장 옆 들판에 서 있을 때 우리의 군화 신은 발들을 그가 내려다 본 모습을 나는 늘 기억하게 될 것이다. 연민의 낯빛으로 땅에서 올려다보면서, 그는 말했다. '그런데 저 콩 싹들. 우리 발길이 저 싹들을 으깨고 있어요.'"

한국에선 많은 것들이 으깨어지고 있었다; 그러나 많은 것들이 견디고 있었다.

[로버트 올리버, 『이승만: 신화 뒤의 사람』]

제9장 38선 돌파

애치슨 라인을 그어 한국을 방어선에서 제외시킨 미국이 어찌해서 한반도에서 전쟁이 터지자 머뭇거리지 않고 참전했던가?

그것은 조지프 매카시의 폭로 덕분이었다. 그는 미국 정부 내 깊숙이 파고든 공산주의자들이 소비에트 러시아의 첩자들이 되어 미국의 이익을 해치고 있다고 폭로했다.

북한군이 남한을 침공했다는 소식을 들었을 때, 매카시의 폭로로 인해 이미 궁지로 몰린 트루먼으로선 참전 이외에 달리 선택할 여지가 없었다.

제9장

38선 돌파

1950년 1월 12일 워싱턴의 '내셔널 프레스 클럽'에서 연설하면서, 딘 애치슨(Dean Acheson) 미국 국무장관은 미국의 동아시아 방어선이 "알류샨 열도를 따라 일본에 이르고 그 뒤엔 류큐 제도로 뻗는다… 방어선은 류큐 제도에서 필리핀으로 이어진다"고 밝혔다. 대만과 남한은 미국의 방위선 밖에 있다는 얘기였다. 뒷날 공화당 지도자 로버트 태프트(Robert Taft) 상원의원이 지적한 대로, 애치슨의 연설은 공산주의 세력이 두 나라를 "공격하라는 초대장"이었다.

애치슨의 초대에 응해서, 1950년 6월 25일 북한군은 남한을 침공했다. 전력에서 크게 열세였던 한국군은 북한군의 공세를 막아내지 못했고 단 사흘만에 수도를 적군에 내주었다. 전쟁은 북한 수뇌부의 계산대로 돌아가는 듯했다.

그러나 북한의 침공이 알려지자, 미국은 머뭇거리지 않고 한국을 도우려 참전했다. 어찌된 일인가? 애치슨 연설과 북한 침공 사이의 다섯 달 동안에 무슨 일이 벌어졌길래, 미국이 그렇게 단호하게 나섰는가?

매카시의 활약

애치슨의 '방어선 연설'이 있고 4주가 지난 2월 9일, 웨스트버지니아의 작은 탄광도시 휠링에서 여성공화당원들이 연설회를 열었다. 연사는 이름이 알려지지 않은 위스콘신 출신 상원의원 조지프 매카시(Joseph McCarthy)였다. 그는 냉전에서 미국이 계속 밀린다고 지적한 뒤 그런 사정은 미국 정부 깊숙이 침투한 공산주의자들이 소비에트 러시아의 첩자들이 되어 미국의 이익을 해치기 때문이라고 말했다. 그리고 자신은 공산주의자로 확인된 국무부 관리 57명의 명단을 가졌다고 선언했다.

그의 연설은 청중의 뜨거운 반응을 얻었다. 치열한 전쟁에서 분명히 미국이 이겼는데, 유라시아에선 소비에트 러시아가 나치 독일이나 군국주의 일본보다 더 위협적인 적으로 등장한 상황에 미국 시민들은 당혹해 하는 참이었다. 특히 미국의 충실한 우방 중화민국이 갑자기 일어난 공산당 반군에 쫓겨서 대만에서 연명

미국의 6.25 참전에 결정적 기여한 매카시 의원

미국 상원 의원을 지낸 조지프 매카시. 그는 '매카시즘(공산주의자 색출 열풍)'을 불렀다는 비판을 받고 있지만 미국의 6.25 참전과 대만 수호에 결정적 기여를 했다는 점에서는 양국의 은인이기도 하다.

하고 있었다. 그리고 미국의 도움으로 선 남한의 대한민국은 미국의 방어선 밖에 있었다. 이처럼 이해하기 힘든 일들이 일어나게 된 이유를 매카시는 명료하게 설명해준 것이었다.

그는 이들 국무부의 공산주의자들이 특히 위험한 이유를 조리있게 설명했다. 그들은 돈을 받고 군사 기밀이나 기술을 파는 것이 아니라 외교 정책을 미국의 적들에게 유리하도록 세우고 조정하므로, 미국의 안보와 이익이 근본적 수준에서 해를 입는 것이었다. 이른바 영향력 첩자(agent of influence)들이라는 얘기였다.

매카시가 중서부의 유세 일정을 마치고 워싱턴에 돌아왔을 때, 그는 전국적으로 알려진 정치인이 되어 있었다. 그리고 그가 제기한 의혹은 가장 뜨거운 정치적 논점으로 떠올랐다. 마침 '해남도海南島 싸움'에서 중국정부군이 중공군에 패퇴해서 대만으로 철수하자, '누가 중국을 잃었나? (Who Lost China?)' 논쟁이 미국에서 거세게 일었다. 애치슨의 국무부로는 의혹의 눈길이 쏠렸고, 해리 트루먼(Harry Truman) 대통령과 민주당은 공산주의 세력의 득세를 불렀다는 비난을 받았다.

북한군이 남한을 침공했다는 소식을 들었을 때, 이미 궁지로 몰린 트루먼으로선 선택의 여지가 없었다. 6월 26일 트루먼은 맥아더 사령관에게 극동의 해군과 공군으로 한국에 개입할 권한을 부여했다. 이어 27일엔 대만의 중화민국을 중공군으로부터 지키려고 7함대를 대만으로 보내고 베트남에서 공산당 게릴라들과 싸우는 프랑스에 군사 원조를 가속한다고 발표했다.

이런 극적 반전은 매카시 혼자 이룬 것이다. 대한민국과 중화민국의 시민들이 누리는 자유와 풍요는 그의 통찰과 용기에서 비롯했다. 그것은 그에 대한 세평과 무관한 역사적 사실이다. 그는 당시 미국에서 가장 강직하고 청렴하고 용기 있는 정치가였다. 설령 그의 적들이 그에게 뒤집어씌운 악평들이 모두 사실이라 하더라도, 두 나라 시민들은 그에게 오직 경의와 감사만으로 조금이나마 갚을 수 있는 빚을 졌다.

[부록 3 '조지프 매카시의 업적' 참조]

38선 돌파 명령

미국이 참전하기로 결정했을 때, 국제연합은 북한군의 침공을 "평화의 침해"에 해당된다고 선언하고 회원국들에게 북한군을 물리치는 데 참여하라고 호소했다. 그래서 미군은 국제연합군의 깃발을 들고 참전했다.

한국에 들어온 첫 미군 부대는 24보병사단 21연대 1대대장 찰스 스미스(Charles Smith) 중령이 이끄는 400명 남짓한 병력이었다. 이들은 7월 5일 경기도 오산 북쪽의 죽미령에서 북한군과 싸웠는데, 미군 1개 포대의 지원을 받았다.

첫 싸움에서 미군은 기본 대전차무기인 2.36인치 로켓포가 북한군의 전차를 격파할 수 없다는 것을 발견했다. 이어 북한군이 우세한 병력으로 양익 포위를 시도하자, 미군은 큰 손실을 입고 물러날 수밖에 없었다.

이런 양상은 미군이 거듭 시도한 지연전들에서 되풀이되었다. 결국 8월 4일에 주한 국제연합군 사령관 월튼 워커(Walton Walker) 중장은 낙동강 남쪽에 최후 저지선인 '낙동강 방어선(Pusan Perimeter)'을 설치했다. 이 방어선은 왜관을 기점으로 삼아 북동쪽은 국군이 맡고 남서쪽은 미군이 맡았다. 한국군은 국제연합군에 배속되어 국제연합군 사령관의 지휘를 받았다.

낙동강 방어선을 지키는 미군과 한국군이 맞은 문제들 가운데 가장 심각한 것은 예비 병력의 부족이었다. 거의 모든 부대들이 전선에 투입되어, 위급한 상황에 투입할 만한 예비 병력이 거의 없었다. 워커 사령관이 고안한 대책은 '소방대(fire brigade)'였으니, 위험해진 전선에 투입되어 '불을 끄는' 임무를 특정 부대에 부여한 것이었다. 존 마이클리스(John Michaelis) 중령이 이끈 25사단 27연대가 '소방대'로 활약했다. 낙동강 싸움에서 가장 치열했던 '다부동 싸움'에서도 '마이클리스 소방대'는 북한군 전차 부대들을 격파해서 한국군 1사단의 승리에 결정적 도움을 주었다.

낙동강 방어선에서 치열한 싸움이 이어지는 사이, 국제연합군은 9월 중순에 인천상륙작전으로 전세를 단숨에 뒤집었다. 9월 하순에 국제연합군이 서울을 회복하자, 남쪽으로 진출한 북한군은 보급로가 끊겼다.

9월 23일 오전 4시 30분, 미군 1기병사단의 선두 린치 임무부대(Task Force Lynch)가 상주 낙동리 나루에서 낙동강을 건너기 시작했다. 원래 인천상륙작전의 핵심 작전 개념은 상륙 부대인 미군 10군단이 북한군의 퇴로를 끊으면, 낙동강을 지키던 미군 8군이 공격에 나서서 북한군을 파괴한다는 것이었다. 한강 남안에서 기다리는 10군단의 '모루'에 떨어질 8군의 '망치'의 머리가

38선 돌파하는 국군

6.25전쟁 당시인 1950년 10월 1일 38선을 돌파하며 제1군단장 김백일 준장이 '아아, 감격의 38선 돌파'라는 문구를 말뚝에 쓰고 있다. 이승만 대통령은 맥아더 원수가 38선 돌파를 망설이자 정일권 육군 참모총장에게 '38선 돌파에 관한 지령'을 내린 바 있다. 정 총장은 김 군단장과 함께 9월 30일 3사단 23연대를 찾아 북진 명령을 내렸다.

바로 린치 임무부대였다. 9월 27일에 린치 임무 부대가 오산에 닿아서, 두 부대가 연결되었다. 이렇게 무너진 북한군을 추격하면서, 국제연합군은 38선으로 진출했다.

당시 국제연합군 최고사령관 맥아더 원수는 합동참모본부로부터 '중공군이나 소비에트 러시아군이 개입할 위험이 없으면, 북한으로 진격하라'는 지시를 받은 터였다. 미국 국방부는 북한으로의 진격을 주장했지만, 전쟁의 확대를 겁낸 국무부는 반대했다. 지침의 모호성은 이런 의견의 분열을 반영했고, 맥아더는 북한으로의 진격을 유보하고 있었다.

이승만 대통령은 7월부터 북한으로의 진격을 주장해온 터였다. 북한이 먼저 침공한 이상 38선은 없어졌다는 얘기였다. 맥아더가 망설이자, 이 대통령은 국군이 먼저 38선을 넘어야 한다고 판단했다. 그는 부산 경무대로 정일권丁一權 육군 참모총장과 참모들을 불러 전투 상황을 들었다. 그리고 정 장군에게 '38선 돌파에 관한 지령'을 건넸다.

정 장군은 강릉을 향해 진격하던 1군단을 찾아 군단장 김백일金白一 준장에게 상황을 설명했다. 그리고 "우리가 38선에서 멈추면 지형적으로 불리해서 38선 이북에서 꼭 확보해야 할 지형지물"이 있는가 물었다. 김 군단장은 지도를 살피고 나서 양양을 확보하려면 38선 바로 북쪽의 고지를 점령해야 한다고 대답했다.

정 장군은 워커 사령관을 찾아 사정을 설명하고 38선 바로 북쪽의 고지를 점령하라는 허락을 받았다. 정 장군은 김 군단장과 함께 동해안 3사단 23연대를 찾아가서 연대장 김종순 중령에게 북진 명령을 내렸다. 이튿날인 10월 1일 23연대는 38선을 넘어 진격했다. 이 소식이 알려지자, 다른 국군 부대들이 서둘러 38선을 넘었다.

그래도 미군은 움직이지 않았다. 대신 맥아더 원수가 김일성에게 항복을 권유하는 방송을 했다. 바로 그날 중화인민공화국 외상 주은래周恩來는 "제국주의자들이 무도하게 중국 인민들의 이웃 국가의 영토를 침공하면 중국 인민들은 방관하지 않을 것"이라고 경고했다. 10월 3일엔 인도 대표가 '국제연합군은 38선을 넘지 말아야 한다'는 견해를 밝혔다.

그 사이에도 국군은 빠르게 진격했고 북진의 운동량은 커졌다. 한국군에게 공을 빼앗기게 된 미군의 불평은 커졌고, 맥아더 원수는 북한으로의 진격을 명령했다. 드디어 10월 9일 1기병사단은 평양을 바라고 북진길에 올랐다.

프란체스카 여사의 『난중일기』에서

"6월 30일. 대전으로 남하한 뒤 대통령은 침실 머리맡에 모젤 권총 한 자루를 놓고 자는 습관이 생겼다. 나는 차디찬 그리고

평양 시민대회서 연설하는 이승만
1950년 10월 30일 평양시청 앞 광장에서 열린 국군 입성 환영 평양 시민대회에서 연설하는 이승만 대통령.

싸늘한 총구가 기분 나빴다. 나의 이런 표정을 읽은 대통령은 '최후의 순간 공산당 서너 놈을 쏜 뒤에 우리 둘을 하나님 곁으로 데려다 줄 티켓이야'라며 내 손을 꼭 잡았다.

8월 14일. 무초 대사는 대구가 적의 공격권에 들어가자 정부를 제주도로 옮길 것을 건의했다. 그는 그곳이 적의 공격으로부터 멀리 떨어져 있고, 최악의 경우 남한 전체가 공산군에 점령된다 해도, 망명 정부를 지속시켜 나갈 수 있다고 설명했다.

무초가 한참 열을 올려 얘기할 때, 대통령이 허리에 찼던 권총을 꺼내 들었다. 그 순간 무초는 입이 굳었고 얼굴이 하얗게 질렸다. […]

대통령은 권총을 아래위로 흔들면서 단호히 말했다. '이 총으로 공산당이 내 앞까지 왔을 때 내 처를 쏘고 적을 죽이고 나머지 한 알로 나를 쏠 것이오. 우리는 정부를 한반도 밖으로 옮길 생각이 없소. 모두 총궐기하여 싸울 것이오. 결코 도망가지 않겠소.'"

1950년 8월 초순 전황이 위태로워지자, 맥아더 원수는 UN군이 낙동강 방어선을 지키지 못할 가능성에 대비했다. 그는 워커 장군에게 낙동강 방어선 후방에 제2방어선을 마련하라고 지시했고 워커는 공병 장교인 개리슨 데이비드슨(Garrison Davidson) 준장에게 그 일을 맡겼다. 이렇게 해서 나온 '데이비드슨 선(Davidson Line)'은 울산 북쪽에서 밀양을 거쳐 마산 동북쪽으로 연결되었다. 국제연합군이 북한군을 막아내지 못해서 한반도에서 철수할 경우, 이 선은 부산항을 통한 철수 작전을 엄호할 터였다.

무초 대사가 제주도에 망명 정부를 세울 가능성을 언급한 것은 이런 사정을 반영한 것이었다. 이 대통령은 줄곧 한국군의 역량을 낮추보면서 패배주의적 행태를 보여온 미국 대사를 질책한 것이었다.

제10장 이승만의 비원(悲願), 강한 국군

치욕적 패배를 거듭한 6사단이 용문산 전투에서 크게 이기자, 한국군의 능력에 대한 미군 지휘부의 생각이 많이 달라졌다. 밴 플리트 장군은 한국군의 집중적 훈련을 강력하게 추진했고, 한국군의 규모와 전력은 빠르게 늘어났다.

제10장

이승만의 비원悲願, 강한 국군

1945년 10월에 귀국한 뒤, 이승만이 늘 마음을 쓴 것은 남한을 지킬 군대의 양성이었다. 북한엔 이미 공산주의 정권이 들어섰고 소비에트 러시아의 군사 교리에 따라 북한 군대를 양성하기 시작한 터였다. 주한미군 지휘부는 북한의 이런 움직임을 잘 알고 있었고, 1946년부터는 미군 철수 이후에 북한군이 남침할 가능성을 공공연히 거론했다. 그래도 그들은 남한의 국방 능력을 키울 생각을 하지 않았다. 그래서 최소한의 군대를 양성하면서 군(army) 대신 경비대(constabulary)라 불렀다.

국군의 빈약한 전력

대한민국이 서면서, 경비대는 군으로 이름이 바뀌었다. 그러나 전력을 향상시킬 무기는 구할 수 없었다. 북한군이 많은 전차들을 갖추었다는 것이 알려졌어도, 미국은 전차는 고사하고 대전차 무기조차 한국군에 제공하기를 거부했다.

이것은 우연이 아니었다. 비슷한 상황이 중국에서도 일어났다. 중국 정부가 미국에서 구매한 무기들은 선적이 지연되었고 많은 무기들이 바다 속으로 던져졌고 중국에 도착한 무기들은 모두 망가진 것들이었다. 미국이 일부러 불량 무기들을 보냈다는 것을 깨닫자, 정부군 장병들은 낙심했다. 중국 주둔 미군의 해상 철수를 지휘했던 오스카 배저(Oscar Badger) 제독은 그런 불량 무기들이 "낙타의 등을 부러뜨린 지푸라기였다"고 의회에서 증언했다. 당시 백악관, 국무부, 국방부 및 재무부를 장악한 러시아 첩자들이 벌인 농간이었다. 이런 사정은 대만과 남한이 함께 '애치슨 선'에서 제외된 것과 궤를 같이한다.

그렇게 허약한 군대마저 초기에 무너졌고, 북한군은 사흘 만에 수도 서울을 점령했다. 그래도 낙동강 방어선을 지키면서 한국군은 빠르게 전력을 회복해서 38선을 돌파할 때는 싸움터에서 단련된 군대가 되었다.

안타깝게도, 국제연합군은 중공군의 침공에 대비하지 못했고 매복한 중공군에 의해 괴멸적 피해를 입었다. 그나마 차량들을

동부전선 시찰 중 지프에 올라 즉설연설

1951년 동부전선을 시찰하는 도중 지프에 올라 즉석연설을 하며 장병들을 격려하는 이승만 대통령. 해방 직후부터 군대 양성을 강조한 이승만은 1951년 미군 지휘부에 한국군의 전력 증강을 요청했지만 미군 지휘부는 아예 응하지 않았다. 하지만 국군 6사단이 1951년 5월 용문산 전투에서 대승한 뒤 미군 지휘부의 생각이 달라졌고, 이후 국군의 규모와 전력이 늘어났다.

많이 갖춘 미군 부대들은 빠르게 물러나서 피해를 줄였지만, 국군 부대들은 엄청난 피해를 입었다. 그렇게 북한 지역에서 큰 손실을 입고 물러나 남한에서 재편성한 한국군 부대들은 전력이 약할 수밖에 없었다. 애초에 무기와 장비를 제대로 갖추지 못했던 한국군 부대들은 전력이 더욱 약해졌다.

중공군은 이런 사정을 이용해서 서부와 중부의 미군을 피하고 대신 동부의 한국군을 집중적으로 공격하는 전략을 택했다. 중화기가 부족하므로, 한국군은 중공군의 집중 공세에 쉽게 무너졌고 무기들을 중공군에게 빼앗겼다. 당연히, 미군 지휘부는 한국군에 중화기를 줄 수 없었다. 그렇게 해서, 한국군 화력의 열세가 한국군 전력의 약화를 부르고 그런 전력의 약화가 한국군 화력의 증강을 막는 악순환이 형성되었다.

1951년에 이 대통령은 미군 지휘부에 한국군의 전력 증강을 간곡히 요청했다. 그러나 국제연합군 최고사령관 매슈 리지웨이(Matthew Ridgway) 장군이나 주한 국제연합군 사령관 제임스 밴플리트(James Van Fleet) 장군은 한국군의 증강에 반대했다. 그들은 한국군의 가장 심각한 문제는 병력이나 무기의 부족이 아니라 지도력의 부족이라고 지적했다.

6사단의 전적

한국군이 맞은 이런 악순환을 잘 보여주는 것은 6사단의 전적이다. 원래 6사단은 한국군에서 가장 강한 부대였다. 그리고 전쟁 초기에 결정적 공을 세웠다.

북한군의 기본 작전 개념은 한국군을 한강 이북에서 포위해서 격파한다는 것이었다. 춘천 방면으로 남하한 부대가 홍천과 양평을 거쳐 한강 이남에 이르러 한강 이북의 한국군이 남쪽으로 후퇴하는 길을 막고, 의정부 방면으로 남하한 주력이 한강을 건너지 못한 한국군 주력을 파괴한다는 계획이었다. 그러나 춘천 방면으로 남하한 북한군은, 6사단의 효과적 방어에 막혀, 사흘 동안 춘천을 점령하지 못했다. 그래서 서울을 내주었어도, 한국군은 한강 이남에 방어선을 칠 수 있었다.

국제연합군이 38선을 넘어 북한으로 진격했을 때, 6사단은 압록강에 맨 먼저 닿은 부대였다. 그래서 평안북도로 진출했던 국제연합군이 매복했던 중공군에게 패배했을 때, 가장 큰 피해를 입었다. 실질적으로 해체된 부대는 다시 충원되어 사단 편제를 갖추었지만, 신병들로 이루어진 부대여서, 전력이 아주 약했다. 게다가 당시 한국군은 중공군에 연패해서, 중공군에 대한 공포에 짓눌렸다.

1951년 4월에 중공군이 공세에 나섰을 때, 미 9군단의 좌일선 부대로 화천 지역을 맡았던 6사단은 제대로 싸우지도 못하고

압록강 건너 몰려오는 중공군
1950년 10월 19일 얼어붙은 압록강을 건너 남하하는 중공군.

무너졌다. 당시 6사단장 장도영張都暎 준장은 19연대를 좌일선에, 2연대를 우일선에, 그리고 7연대를 예비대로 삼아 후방에 배치했다.

4월 22일 밤 8시, 중공군은 6사단의 허술한 방어선을 쉽게 뚫었다. 겁에 질려 도망쳐온 19연대와 2연대의 병사들에 밀려, 7연대마저 흩어졌다. 좁은 퇴로로 도망치는 한국군 병사들과 장비들이 길을 막는 바람에, 그들을 지원하던 미군 포병들도 중화기들을 모두 버리고 물러날 수밖에 없었다.

장 사단장과 참모들의 노력 덕분에, 23일 낮에는 흩어진 6사단 병사들의 상당수가 다시 모였다. 가까스로 부대 꼴을 되갖춘 6사단은 가평 지역 방어 임무를 맡았다. 4월 23일 해가 지자, 중공군 2개 사단이 6사단을 공격했다. 6사단은 싸우지도 않고 다시 무너졌다. 병사들은 가평천 지역을 방어하던 영연방군 후방에서 멈췄다.

24일 아침 장 사단장은 9군단장 윌리엄 호지(William Hoge) 소장에게 4천 내지 5천의 병사들로 부대를 재편성하고 있다고 보고했다. 싸움 한번 해보지 못하고 사단 병력의 절반이 없어진 것이었다. 무기와 장비의 손실도 엄청나서, 소화기 2,363정, 기관총 및 자동소총 168정, 로켓 발사기 66문, 대전차포 2문, 박격포 42문, 야포 13문, 그리고 트럭 87대를 잃었다. 이 싸움에서 한국군 6사단은 아예 없느니만 못했다.

호지 군단장은 장 사단장을 질책하면서 6사단의 행적은 "모든 면들에서 수치스럽다"고 평했다. 그러나 그는 장 사단장의 교체를 꾀하지 않았다. 그는 장 사단장이 한국군 지휘관들 가운데 양호한 축에 든다고 평했다. 실은 6사단도 한국군 사단들의 전형이라고 말했다.

용문산 전투

궤멸적 패주를 가까스로 수습한 6사단은 용문산 일대에 주둔했다. 장 사단장은 장병들의 정신무장과 사기진작에 힘을 쏟았다. 다행히, 사단이 치욕적 패배를 했다는 사실이 명예를 되찾겠다는 장병들의 다짐을 굳게 했다.

중공군의 공격에 대비해서, 장 사단장은 부대를 새로 배치했다. 주저항선인 용문산 북쪽에 19연대와 7연대를 좌우로 배치해서 일선을 형성했다. 예비 부대인 2연대는 홍천강 남안으로 진출시켜서 전초 부대로 삼았다. 이처럼 예비부대를 후방이 아닌 전방에 배치하는 것은 물론 교리에 어긋났다. 그러나 중공군과 여

파로호 전투에서 사로잡힌 후 국군에게 목숨을 구걸하는 중국군 포로들

용문산 지구 전투 전적비
"적을 물리치고 불후의 공을 세워 위기에 선 조국을 건진 민족의 영웅으로서 천추에 길이 빛나리라." 3개 사단인 중공군에 포위된 상태로 46시간이란 장시간의 육박전을 치루면서 결국 승리했다.

러 번 싸워서 얻은 교훈은 중공군의 포위 작전에 후퇴로 대응하면, 아군은 무너질 수밖에 없다는 것이었다. 병력이 우세한 중공군은 미리 침투해서 퇴로를 차단하는 전술을 썼으므로, 후퇴는 으레 패주로 이어졌다.

이런 작전 계획에서 결정적 요소는 중공군에 포위된 채 진지를 고수해야 하는 2연대의 전투력이었다. 2연대가 전방으로 떠날 때, 장 사단장은 "본 전투의 성패 여하는 각 장병들의 보국일념에 달려있다. 끝까지 진지를 고수하고 돌입하는 적을 박멸하여 부조父祖의 기대에 부응하고 아손兒孫 만대의 행복을 찾아 청성靑星의 전통을 세우도록 하라"고 훈시했다. ['청성'은 사단의 상징이었다.] 장병들도 "오욕을 씻기 전에는 살아서 돌아올 생각을 버리자"고 다짐했다.

5월 17일 오전, 중공군 1개 중대가 북한강을 건너 남하했다. 중공군의 '5차 공세 2단계'가 시작된 것이었다. 2연대의 전초 부대인 6중대는 이들을 기습해서 163명을 사살하고 6명을 사로잡았다. 이 싸움으로 2연대는 사기가 올랐다.

5월 18일에 중공군 2개 사단의 본격적 공격이 시작되었다. 2연대는 진지를 고수하면서 화력 지원으로 중공군에 큰 피해를 입혔다. 아군의 저항이 예상보다 완강하자, 중공군은 2연대 지역이 한국군 주저항선이라 판단하고 2개 사단의 주력을 투입했다. 아군이 물러나지 않자, 중공군은 예비대였던 1개 사단을 추가로 투입했다. 2연대는 병력을 연대 본부 둘레로 집결시켜 사주 방어진을 만들고 아군의 화력지원으로 중공군을 격파했다. 이런 작전은 우세한 화력으로 적에게 손실을 강요하는 미군의 전술을 모범적으로 따른 것이었다.

기세가 꺾인 중공군은 5월 19일 자정에 공격을 멈추고 북쪽으로 물러나기 시작했다. 5월 20일 새벽, 마침내 장 사단장은 공격 명령을 내렸다. 주저항선에 있던 7연대와 19연대가 공격에 나서자, 기습을 당한 중공군은 조직적으로 저항하지 못했다. 두 연대는 단숨에 2연대 위치까지 진격했다.

이날 밴플리트 장군의 지시로 아군은 전반적 공세로 전환했다. 6사단도 패주하는 중공군을 추격하면서 홍천강을 건너 북상했다. 그리고 5월 28일 최종 목표인 화천저수지에 이르렀다. 이 작전에서 6사단은 적군 17,177명을 사살하고 2,183명을 사로잡았다. 아군 피해는 전사 107명, 전상 494명, 실종이 33명이었다.

용문산에서 화천저수지에 이르는 싸움에서 한국군은 처음으로 중공군에 이겼다. 그때까지 한국군은 중공군이 나팔과 피리를 불면서 공격을 시작하면 뿔뿔이 흩어지곤 했다. 이 승리로 한국군은 비로소 중공군에 대한 공포에서 벗어났다.

국군의 성공적 증강

치욕적 패배를 거듭한 6사단이 용문산 전투에서 크게 이기자, 한국군의 능력에 대한 미군 지휘부의 생각이 많이 달라졌다. 이런 인식의 변화는 한국군의 증강을 위해 애써온 이 대통령에게 큰 힘이 되었다. 그 뒤로 밴플리트 장군은 한국군의 집중적 훈련을 강력하게 추진했고, 한국군의 규모와 전력은 빠르게 늘어났다.

1952년 12월에 일선에 배치된 16개 사단 가운데 11개 사단이 한국군, 4개 사단이 미군, 1개 사단이 영연방군이었다. 여러 미군 사단들은 한국군 단위 부대를 예하에 두었고, 특히 한국 해병대 1개 연대가 미군 제1해병사단에 배속되었다. 예비 부대들은 한국군이 1개 사단이었고 미군이 3개 사단이었다. 반면에 북한군은 일선의 2개 군단과 예비 부대 1개 군단뿐이었고 나머지는 중공군이었다. 이 대통령의 비원悲願인 강한 국군이 실현된 것이었다.

전선의 3분의 2를 맡은 한국군의 존재는 당연히 한국의 외교에 긍정적 영향을 미쳤다. 휴전을 앞두고 이 대통령이 독자적 정책으로 휴전 회담의 향방에 결정적 영향을 미칠 수 있었던 비밀 자산이 바로 12개 정예 사단으로 이루어진 한국 육군이었다.

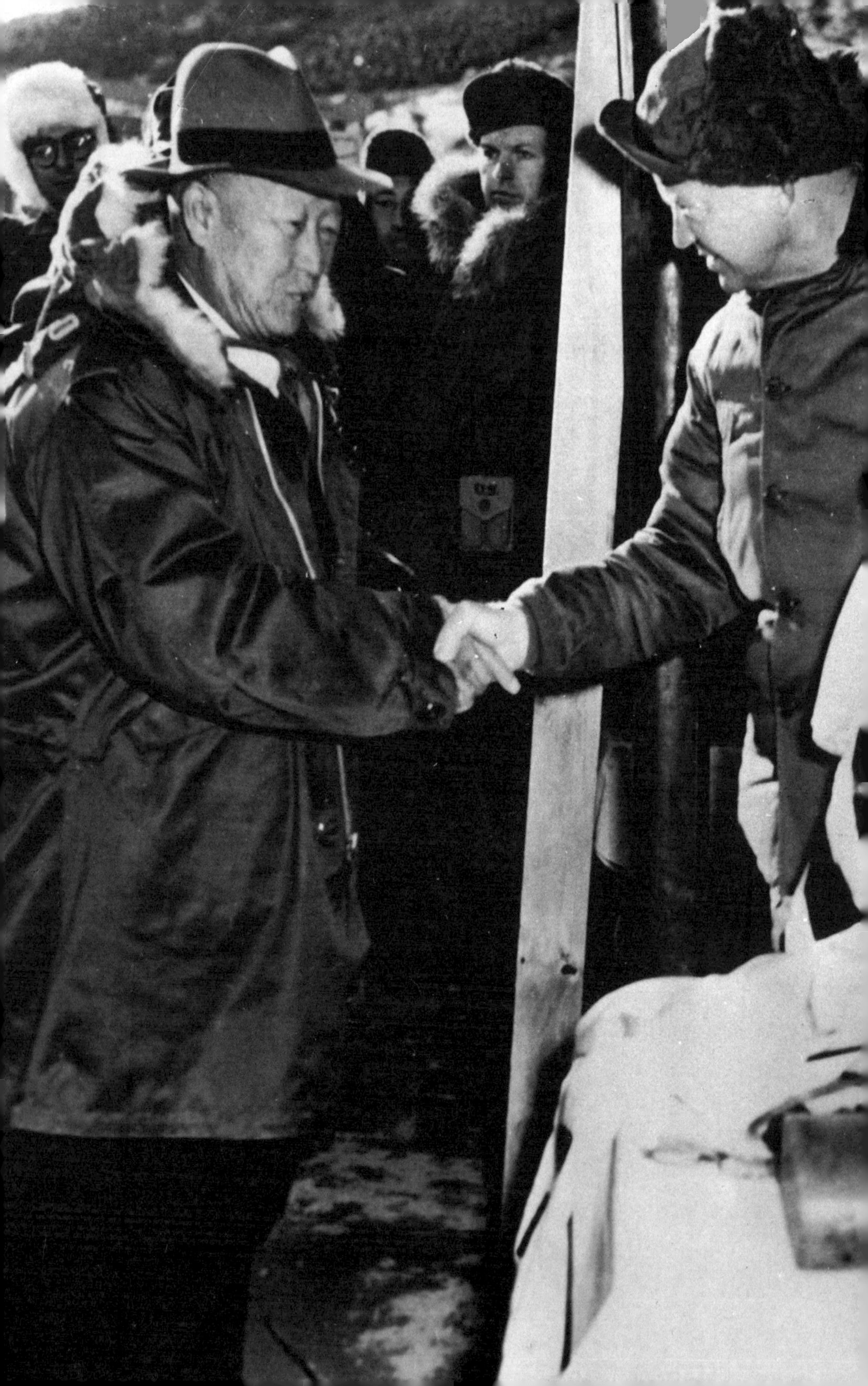

제 11 장 휴전 반대

미국은, 미국의 휴전 노력을 적극적으로 비판하는 이 대통령을 성가시게 여겼다. 미국은 그를 축출하기로 결정했다.

제11장

휴전 반대

이승만 대통령은 휴전 협상이 시작된다는 소식을 리지웨이 장군으로부터 들었다. 김포 공항의 조립식 건물에서 도쿄에서 급히 날아온 리지웨이가 그에게 상황을 설명했다. 리지웨이의 설명이 끝나자, 이 대통령은 국제연합군 최고사령관의 팔을 붙잡았다.

"장군, 당신은 매우 설득력이 있게 말하는 분입니다. 그러나 당신은 나를 설득시키지는 못했습니다."

그 뒤로 이 대통령은 줄기차게 휴전에 반대했다. 이미 공산군은 밀리고 있으니, 조금만 더 밀어붙이면, 이길 수 있다고 설득했다. 지금 휴전하는 것은 힘이 부친 적군이 다시 힘을 기를 기회를 주는 것이라고 지적했다. 언젠가 중공군이 다시 침입하면, 그때도 미군이 태평양을 건너와서 구원한다는 보장이 없다는 점도

6.25사변의 당사자인 한국의 주장과 의지를 전적으로 무시한 채 휴전협상이 진행되고 있는 것에 자극된 국민이 궐기한 대회.

얘기했다. 한국전쟁은 자유주의 세력과 공산주의 세력 사이의 세계적 대결의 한 부분이라는 점도 강조했다.

미국의 반응

그러나 미국은 더 싸울 뜻이 없었고 미국의 휴전 노력을 적극적으로 비판하는 이 대통령을 성가시게 여겼다. 끈질긴 설득에도 그가 뜻을 굽히지 않자, 미국은 그를 축출하기로 결정했다.

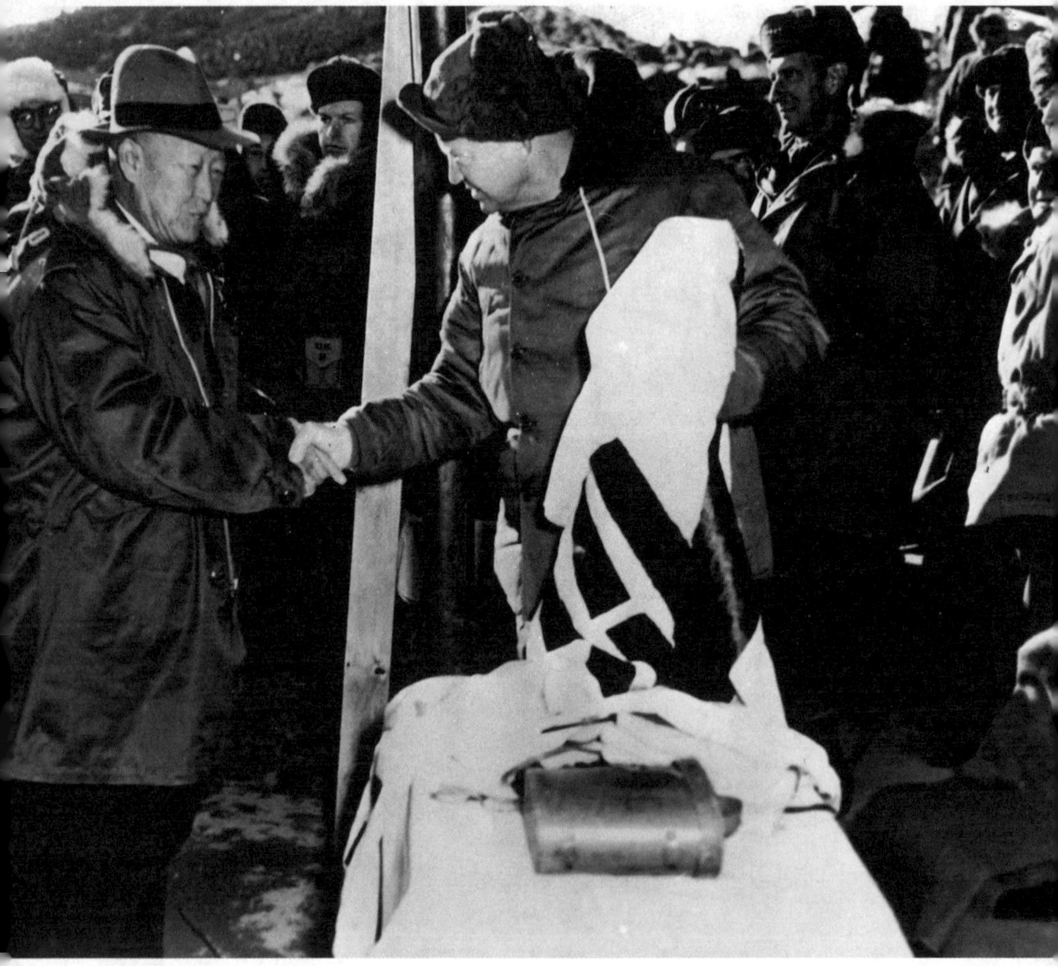

아이젠하워 만나 태극기 선물

6.25 전쟁 중이던 1952년 12월 2일 한국을 방문한 미국 대통령 당선인 아이젠하워가 미군 부대 시찰 도중 이승만에게 태극기를 선물받고 있다. 아이젠하워는 1952년 11월 실시된 미국 대선에서 휴전을 공약했다. 1951년 7월 휴전협상이 시작된 이후 이승만이 지속적으로 휴전에 반대하자 미국은 이승만의 대통령 재선을 막는 방식으로 축출하려고 했다.

초대 대통령의 임기는 1952년 7월 23일까지였다. 당시 대통령은 국회에서 뽑는 간선제였는데, 이 대통령이 다시 뽑힐 가능성은 크지 않았다. 그래서 미국은 자신이 선호하는 후보가 뽑히도록 해서, 이 대통령을 쉽게 축출한다는 계획을 추진했다. 미국의 뜻을 충실히 따르는 장면과 군정에서 줄곧 경찰 책임자를 지낸 조병옥趙炳玉이 유력한 후보들이었다.

대통령제에선 직선제가 옳은 방안이었고, 국민들의 절대 다수는 이 대통령의 재선을 지지했다. 그래서 이 대통령은 1951년 광복절 기념사에서 대통령 직선제로 개헌할 것을 제의했다. 이어 그런 개헌의 선행 조치 삼아, 전쟁으로 미루어진 지방자치 선거를 실시했다. 1952년 4월에 실시된 기초의원(시.읍.면) 선거와 5월에 실시된 도의원 선거에선 그가 이끈 '자유당'이 압도적 승리를 거두어서, 국민들이 그를 지지한다는 것이 분명해졌다.

이런 움직임에 대응해서, 야당은 내각책임제 개헌안을 상정하고 대통령 선거는 5월 29일에 치르기로 의결했다. 5월 17일엔 정부가 '대통령 직선제와 상하 양원제' 개헌안을 공고했다. 내각책임제와 대통령 직선제가 대결하게 된 것이었다. 이 대결에선 야당이 이길 것으로 예상되었다. 야당은 국회를 장악했을 뿐 아니라 막강한 미국 대사관의 지원을 받았다.

이런 열세에 대응하는 방안으로 이 대통령이 내놓은 것은 국민 동원이었다. 지방자치 선거에서 드러났듯이, 국민들은 이 대통령을 압도적으로 지지했다. 반면에, 국회는 타락한 지도층을 대변한다고 인식되었다. 전쟁 발발 직후인 1950년 8월엔 국회의원 50여 명이 배를 사서 일본 대마도對馬島로 도망하려다 발각되었다. 해외로 재산과 아들들을 빼돌리는 의원들도 많았다. 많은 피란민들이 고생하는데, 국회의원들은 자신들의 세비를 인상했다. 이 일을 계기로 삼아 자유당이 동원한 전국의 시민들이 부산의 국회로 몰려들어 의원들을 성토하고 대통령 직선제 개헌을 요구했다. 그들은 낮엔 시위하고 밤엔 벽보들을 붙였다.

이처럼 긴장이 높아지던 5월 23일, 무초 대사가 본국으로 돌아가기 전에 이 대통령을 예방했다. 긴장된 정국을 언급하고서 그는 "정치적 마찰이 생기면, 한국에 불행을 가져올지 모른다"고 경고했다. 이 대통령은 대통령 직선제 도입은 자신의 소신이라고 강조했다. 그리고 국회 안의 공산주의자 11명을 적발했으며 그들을 체포하는 방안을 고려하고 있다고 밝혔다. 그런 혐의의 증거로 50달러 신권들이 가득한 가방 두 개를 보여주면서, 북한에서 홍콩을 거쳐 국내 공산주의자들에게 전해지는 과정에서 압수되었다고 설명했다.

1952년 5월 26일에 부산, 경남, 전남, 전북의 23개 시·군에 비상계엄이 선포되었다. 5월 24일에 부산 인근 금정산에 주둔한 미군 공병대를 공비들이 습격했는데, 계엄령은 이런 상황에 대응하는 조치였다. 계엄군은 곧바로 '국제공산당 공작금' 사건에 연루된 의원들을 체포했다. 다른 의원들은 숨거나 연금되었다.

특이하게도, 계엄사령관은 육군 참모총장 이종찬李鍾贊 소장인데, 부산과 경남의 계엄사령관은 헌병 총사령관 원용덕元容德 소장이었다. 원 소장은 이 대통령의 충실한 추종자였다. 반면에 이 참모총장은 계엄에 부정적이었다. 그는 1개 사단을 부산 지역으로 보내라는 신태영申泰英 국방장관의 요청을 거부했다. 그리고 군의 정치적 중립을 강조하는 훈령을 내렸다.

격노한 이 대통령이 이 참모총장을 호출하자, 그는 밴플리트 장군에게 동행을 요청했다. 혼자 경무대에 갔다가 구금되거나 납치될 가능성을 걱정한 것이었다. 이 대통령은 그를 호되게 질책했다. 그러나 밴플리트가 "나는 한국의 정치에는 관여할 수 없지만, 작전권이 나에게 있는 이상, 부산에 군대를 투입하는 것은 안 된다"라고 말해서, 이 문제는 풀렸다.

미국 대사관의 음모

이 일화엔 또 하나의 차원이 있었음이 뒷날 드러났다. 당시 미국 대리대사였던 앨런 라이트너(Allan Lightner)는 1973년의 대담에서 한국군 지휘부의 모반 음모를 밝혔다.

> 어느 늦은 밤 내가 살던 대사관저 문 앞에 지프가 닿더니 한

> 국 육군 참모총장이 들어왔어요. 그는 자신이 다른 [참모]총장들도 대변한다고 말했어요. 군부는 지금 전쟁을 하고 있지만, 후방 전선(home front)이 무너지는 것을 가만히 앉아서 바라볼 수만은 없다고 그가 말했어요. […] 육군 병사들과 해병 몇 명으로 그의 사람들이 대통령, 내무장관, 그리고 계엄사령관을 가택 연금시킬 수 있다고 그는 말했어요. […] 그들은 지금 감옥에 있는 40 내지 50명의 국회의원들을 석방하고 그들과 숨어버린 다른 의원들에게 나와서 선거를 치르라고 독려할 것이라고 했죠. […] 자신이 참모총장인 한국 육군이 국제연합군의 지휘를 받으므로, 그는 자신이 움직이기 전에 미국 정부의 동의가 필요하다고 말했어요.

이 음모의 주동자들은 아주 동질적이었다. 이종찬 소장(일본 육사 49기), 작전교육국장 이용문李龍文 준장(일본 육사 50기) 및 작전 차장 박정희朴正熙 대령(일본 육사 57기)은 충실한 일본군 장교들이었고 일본군의 습속을 깊이 받아들였다.

일본군의 독특한 습속들 가운데 하나는 하극상下剋上이라는 기괴한 행태였다. 군국주의에 열광한 젊은 장교들이 장군들에게 자신들의 뜻을 강요하고, 말을 듣지 않으면, 암살했다. 이런 행태는 흔히 젊은 장교들이 주동한 군부 반란으로 발전했다.

1945년 8월에 히로히토裕仁 천황의 항복 방송을 막고 전쟁을 계속하려고 소좌 1명과 중좌 1명이 일으킨 모반은 대표적이다. 그들은 동참을 거부하는 근위사단장을 살해하고 위조 명령서로 병력을 동원해서 황궁을 점령했다. 그리고 천황의 측근 대신들과 천황의 육성 녹음판을 수색했다. 목적을 이루지 못하고 진압군이 이르자, 그들은 자결했다. 이렇게 봉기한 장교들에겐 천황도 폐위할 수 있는 존재에 지나지 않았다. 그런 위험을 잘 알았으므로, 히로히토는 항복 방송을 하기 전에 황위를 이을 수 있는 두 동생으로부터 충성 약속을 받아 놓았었다.

1952년 5월에 모반을 기도한 한국군 세 고급 장교는 그처럼 기괴하게 뒤틀린 일본군의 습속에 물든 사람들이었다. 그들은 공정한 선거를 통해서 선출된 정치 지도자가 지니는 권위를 그다지 존중하지 않았고, 기회가 오면, 군부 반란을 일으킬 준비가 되어 있었다.

이종찬의 제안은 불법적이었지만, 라이트너는 그것을 선뜻 받아들였다. 그리고 국무부에 그 제안을 보고하고 받아들이라고 건의했다. 이어 그는 국제연합 한국위원단과도 이 제안을 논의했고 "하늘이 보낸 기회"라는 반응을 얻었다.

그러나 워싱턴은 라이트너의 경솔한 건의를 받아들이지 않았다. 이승만이 휴전을 반대하는 것은 미국으로선 큰 문제였지만, 그를 대신할 인물이 없다는 데엔 국무부와 국방부의 거의 모든 사람들이 동의했다.

2대 대통령 취임

1952년 8월 15일 중앙청에서 열린 제2대 대통령 취임식 연단에 선 이승만.

달포가 지난 뒤, 라이트너는 이종찬과 국회의장 신익희에게 미국이 내각책임제 개헌을 추진하는 의원들을 도와줄 마음이 없음을 알렸다. 미국의 지원으로 손쉽게 이승만을 제압할 수 있으리라는 기대로 버텼던 야당 의원들은 낙심해서 이 대통령에 대한 저항을 포기했다.

이런 상황을 수습하는 방안으로 이 대통령의 대통령 직선제 개헌안에 야당의 내각책임제 개헌안에서 발췌한 몇 개 조항을 넣은 절충안이 국무총리 장택상에 의해 마련되었다. 뒤에 '발췌 개헌안'이라 불린 이 개헌안은 7월 4일 국회에서 찬성 163표, 반대 0표, 기권 3표로 가결되었다.

마침내 1952년 8월 5일에 정부통령 선거가 실시되었다. 이승만이 72퍼센트가 넘는 523만여 표를 얻었고, 2위인 이시영이 76만여 표를 얻었다. 이 대통령은 기형적인 대통령 간선제를 직선제로 바꾸는 데 성공했고, 선거에서 국민들의 절대적 지지를 받아 정치적 기반을 튼튼하게 만들었다.

자신을 축출하려는 미국의 시도에 대응하는 과정에서 이 대통령은 국제 사회로부터 엄청난 비난을 받았다. 그러나 국제연합 한국위원단의 1953년도 보고서는 "대한민국의 기본적 헌법 구조는 대의적(representative)이고 민주적으로 유지된다"고 평가했다.

대의大義와 소절小節

해외에서 독립운동을 할 때, 이승만은 뚜렷한 직업이 없었다. 젊어서는 막일도 했지만, 주로 연설 사례금으로 생계를 꾸렸다. 박식하고 낭랑한 목소리로 연설을 잘 해서, 그는 늘 인기가 높았다.

자연히, 그는 이 도시에서 저 도시로 바삐 움직였다. 한번은 워싱턴의 프레스 클럽에서 연설이 있었다. 당시 이승만 부부는 뉴욕에 있어서, 시간이 촉박했다. 이승만은 헤드라이트를 켜고 신호등을 무시하면서 차를 몰았다. 곧 뒤에서 사이렌 소리가 났다. 기동경찰 오토바이 두 대가 쫓아오는 것이었다. 그는 오히려 더 빨리 몰았다.

그렇게 빨리 몬 덕분에, 그들은 경찰차에 따라 잡히지 않았고, 이승만은 시간에 맞춰 연설을 시작했다. 그는 열변을 토했고, 청중은 박수를 치면서 환호했다. 프란체스카 여사가 살그머니 돌아보니, 그들을 쫓아온 기동경찰관 두 사람도 입구에 서서 손뼉을 치며 환호하고 있었다.

연설이 끝나고 이승만이 참석자들과 악수를 하는 사이, 경찰관 한 사람이 프란체스카 여사에게 다가왔다. "20년 동안 기동경찰을 하면서, 내가 따라잡지 못한 교통 법규 위반자는 당신 남편뿐이오. 너무 일찍 천당에 가지 않으려면, 부인이 단단히 조심을 시키시오." 그러고는 씩 웃으면서 손가락으로 승리의 V자를 만들어 보이고는 떠났다. 그 뒤로 프란체스카 여사는 남편에게서 운전을 배워서 자신이 차를 몰았다.

이 사소한 일화에서도 이승만의 성품이 드러난다. 그는 자신이 추구해야 할 목표를 늘 명확하게 인식했다. 그리고 그 목표를 이루기 위해 온 힘을 쏟았다. 그 과정에서 만나는 어려움들에 막히지 않았고, 작은 고려사항들에 얽매이지 않았다. 민족을 이끌고 난세를 헤치면서, 그는 소절에 얽매여 대의를 그르친 적이 없었다.

제12장 반공포로 석방

가장 중요한 것은 한미상호방위조약의 체결이었다. 이를 달성하기 위해 이 대통령은 반공포로들을 석방했다. 휴전협상을 탈선시키는데 성공한 것이었다.

제12장

반공포로 석방

1951년 4월에 UN군 총사령관 맥아더 원수는 트루먼 대통령에 의해 갑작스럽게 해임되었다. 해임 사유는 그가 한국전쟁을 제한전(limited war)으로 치르려는 트루먼 정권의 정책에 공개적으로 반대한 것이었다.

휴전 회담의 진전

원자탄을 쓰지 않는 제한전을 하기로 미리 방침을 정한 터라, 미군은 풍부한 인적 자원을 지닌 중공군에 이길 수 없었다. 승산이 없기는 중공군도 마찬가지였다. 내리 다섯 차례의 공세를 폈지만, 중공군은 얻은 것이 없었다. 인해전술로 전선을 돌파해도,

보급 능력의 부족으로 공세를 지속할 힘이 없어서 미군의 반격에 큰 손실을 입곤 했다.

이런 상황을 반영해서, 1951년 7월에 UN군과 공산군 사이에 휴전 회담이 열렸다. 그러나 휴전 조건에 관해서는 합의가 좀처럼 이루어지지 않았다. 공산군은 싸움터에서 얻지 못한 것들을 휴전 협상에서 얻으려 했다. 그들은 끊임없이 새로운 조건들을 내걸고 합의한 사항들을 재해석해서, 국제연합군의 양보를 얻어내려 했다.

게다가 휴전 협상 기간에 나온 소규모 전투들은 공산군이 바라는 전쟁 형태였다. 휴전 협상을 깨뜨리지 않으려고 양측은 대규모 작전은 피하고 전선을 정리하는 작전들을 수행했다. 자연히, 중요한 고지들을 차지하려는 싸움들이 벌어졌는데, 이런 싸움은 인명 손실이 컸다. 피의 능선(Blood Ridge), 단장의 능선(Heartbreak Ridge), 저격능선(Sniper Ridge), 불모고지(Old Baldy)와 같은 슬픈 이름들은 '전선을 정리하는' 소규모 전투들에서 나왔다.

공산군은 원래 인명을 경시한다. 게다가 한반도에 투입된 중공군 병력의 태반은 원래 정부군이었다가 항복한 병사들이었다. 중공 정권으로선 믿을 수 없는 병력을 전선에서 자연스럽게 처리하게 되었으니, 급할 것이 없었다. 그래서 공산군측은 인명 손실에 민감한 미군이 지치기를 기다렸다. 실제로, 미군 사상자들의 60퍼센트가 이런 제한전에서 나왔다.

중국이 휴전 회담을 지연시키자, 미국은 맥아더가 추천한 대안을 검토하기 시작했고 중공측에 핵무기를 사용할 수 있다고 경고했다. 그제서야 공산군도 진지하게 협상에 임했다. 마침내 1953년 여름이 되자, 휴전의 기운이 무르익었다. 남은 쟁점들 가운데 가장 중요한 것은 포로 송환 문제였다.

거제도 포로수용소

공산군 포로들은 처음엔 여러 수용소들에 분산되었다. 그러나 섬이라 관리가 쉬운 거제도에 수용소가 서자, 모두 그곳으로 이송되었다. 북한군 포로 15만명과 중공군 포로 2만명이었다.

전선에서 치열한 싸움이 벌어지는 상황에서 이처럼 많은 적군 포로들을 관리하는 것은 아군에 큰 부담이 될 수밖에 없었다. 결정적 문제는 수용동들을 서로 가까이 지은 것이었다. 포로들은 철조망 너머로 자유롭게 정보를 전달할 수 있어서, 수용소 전체가 하나의 거대한 비무장 군사 집단이 되었다.

북한군 포로들은 북한군처럼 조직되었고, 수용동마다 북한 깃발이 내걸렸다. 포로들은 병원 구역을 중계소로 삼아 휴전 회담의 북한 대표인 남일南日 중장의 지령을 받아 움직였다.

북한에 충성하는 친공 포로들은 다수 수용동들을 장악하고서 '의용군'으로 징집된 남한 출신 반공포로들을 박해했다. 날마다 많은 반공포로들이 인민재판을 받아 처형되었다. 이런 행태에 국제연합군 당국은 당황해서 제대로 대응하지 못했고, 자연히, 수용소 당국은 유화적 태도를 유지했다.

휴전 회담에서 국제연합군 대표단은 포로들의 송환에 앞서 그들의 의사를 물어 송환 여부를 결정하는 방안을 제시했다. 북한군과 중공군 대표들은 무조건 송환을 주장했다. 이 문제로 휴전 회담이 교착되자, 영국은 인도를 통해 '본국 송환을 거부하는 포로들은 제3국으로 보내 관리한다'는 타협안을 내놓았다.

1952년 2월부터 국제연합군은 본국 송환에 대한 공산군 포로들의 뜻을 확인하는 절차를 시작했다. 그러자 대한민국에 남겠다는 북한군 포로들과 대만으로 가겠다는 중공군 포로들이 예상보다 많다는 것이 드러났다. 17만 명가량 되는 포로들 가운데, 북한이나 중공으로 돌아가겠다고 밝힌 포로들은 7만 명뿐이었다. 당황한 북한과 중공의 대표단은 심사 절차를 거부했다. 그들의 지령을 받아, 수용소의 친공 포로들은 자신들이 장악한 수용동들에 심사를 위해 수용소 당국자들이 들어오는 것을 막았다.

수용소장 프랜시스 도드(Francis Dodd) 준장은 대화로 갈등을 누그러뜨릴 수 있다고 생각하고서 친공 포로들과 자주 만났다. 친공 포로들은 그런 순진한 행태를 이용할 계획을 세웠다. 1952년 5월 7일 도드가 포로들을 만나러 오자, 친공 포로들은 그를 유인해서 납치했다.

이어 벌어진 포로들과 수용소 당국 사이의 협상에서 친공 포로들은 휴전 회담에서 '심사에 따른 송환 방식'을 흠집내는 데 주력했다. 미군 장교로 하여금 "나는 포로들이 앞으로 인간적 대우를 받을 수 있다고 약속할 수 있다"고 답신에 쓰도록 유도하고, 판문점 회담에서 북한군 대표는 그 구절을 포로들이 비인간적 대우를 받아온 증거라고 주장했다.

밴플리트 장군은 단호한 조치가 필요하다고 판단하고서 먼저 새로운 수용동들을 건설했다. 친공 포로들이 이주를 거부하자, 병력을 투입했다. 포로들은 칼과 창을 들고 저항했지만, 전차까지 동원한 국제연합군 병력에 진압되었다. 이 과정에서 묶여 있던 상당수의 반공포로들이 구출되었다.

결국 36,000명가량 되는 반공포로들이 본토로 이송되어 8개 수용소에 수용되었다. 이들보다 앞서 민간인들로 판정된 38,000명은 한국 정부에 인계되었다. 중공군 포로들은 제주도로 이송되었는데, 친공 포로 5,911명은 제주시에 수용되고 반공포로 14,298명은 모슬포에 수용되었다. 거제도엔 7만 명 남짓한 북한군 친공 포로들만 남았다.

반공포로 석방

휴전의 기운이 익어가자, 이승만 대통령은 휴전에 동의하는

朝鮮日報

反共韓人捕虜釋放을完了

十八日零時收容所接收,同五時에斷行

내責任下에命令했다

李大統領、重大談話를發表

嚴肅한主權發動

國民은愛護善導하라

休戰後도 美軍不撤收

반공포로 석방

이승만의 반공포로 석방 관련 중대 담화 발표를 보도한 1953년 6월 20일자 조선일보 1면. '내 책임하에 명령했다'는 제목이 보인다.

데 필요한 조건들을 밝혔다. 가장 중요한 것은 한국의 안전을 보장할 한미상호방위조약의 체결이었다.

그는 방송을 통해 "최악의 경우 단독 북진할 것이니 한국국민과 육해공군은 정부 명령을 따르라"고 당부했다. 그리고 전국에 '특별 비상사태'를 선포했다. 그의 호소에 호응해서, 전국적으로 지지 성명과 시위가 나왔다.

이 사이에 이 대통령은 헌병총사령관 원용덕 소장에게 반공포로 석방 작전을 준비시켰다. 원 사령관은 내무장관과 협의하여 탈출한 포로들을 숨기고 보호할 방도를 마련했다. 작전은 1953년 6월 18일 새벽 2시에 개시되었다. 단전이 된 수용소들에서 철조망이 뚫리고 포로들이 일제히 탈출했다. 기다리던 경찰이 그들을 멀리 도피시켰고 민가들은 그들을 반갑게 맞아 숨겼다.

수용소 탈출은 대체로 순조로웠으나, 경북 영천의 수용소에선 문제가 생겼다. 한국 경비대장이 미군 수용소장에게 거사 계획을 밝히고 선처를 부탁한 것이었다. 미군 소장은 즉각 비상령을 내리고 장갑차들을 배치했다.

날이 밝은 뒤, 대구 육군 헌병사령관 앞에서 서울 사령부에서 내려온 장교가 보자기를 풀었다. 긴 칼이 들어있었다. "이것은 대통령 각하의 선물입니다. 영천 포로들을 석방시키지 못하면, 우리 이 칼로 자결합시다." 사령관은 곧바로 영천 경비대장을 불러 그 칼을 보였다.

그날 밤 9시에 약속대로 단전이 되자, 영천 경비대장은 철조망 절단 명령을 내렸다. 경비대원들은 미군 헌병들에게 달려들어 수갑을 채운 뒤, 철조망을 끊었다. 장갑차 공격조는 일제 사격으로 장갑차 전조등을 깨뜨리고 장갑차에 올라 준비한 고춧가루를 미군 승무원들에게 퍼부었다. 그 사이 막사에 잠입했던 요원들이 포로들을 이끌고 철조망을 벗어났다. 다행히, 거사를 막았던 미군 수용소장은 "이것은 정치 문제"라면서 추격하려는 부하들을 말렸다.

이렇게 해서, 35,698명의 반공포로들 가운데 27,388명이 풀려났다. 이들은 대부분 북한군에 징집된 남한 출신 장정들이었다.

이 대통령은 "내가 책임을 지고 반공 한인 포로를 오늘 6월

18일로 석방하라고 명령하였다"고 발표했다. 이 소식에 온 세계가 경악했다. 모두 그를 성토했다. 미국은 특히 격앙된 반응을 보였다. 휴전 회담에서 곤혹스러운 처지가 되었고 미군 포로들의 귀환도 어렵게 된 것이었다.

이 대통령은 태연했다. 그는 단숨에 대한민국 국민들인 반공 포로들을 고국에서 추방되거나 북한으로 끌려갈 위험에서 구한 것이었다. 아울러, 자신이 반대해온 휴전 협상을 탈선시키는 데 성공한 것이었다.

국군 포로의 귀환

1951년에 포로 교환 협상이 시작되었을 때, 국제연합군 사령부는 88,000명의 한국군이 실종되었다고 추산했다. 그러나 공산군은 7,712명의 한국군만을 억류하고 있다고 주장했다. 국제연합군은 이내 반박했다. 북한군과 중공군이 이전에 스스로 발표한 한국군 포로 숫자들을 집계하면 65,000명에 이른다고 했다. 결국 8,726명의 한국군 포로들이 귀환했다.

40여 년이 지난 1994년 10월에 조창호趙昌浩 소위가 국군 포로들 가운데 처음으로 북한을 탈출했다. 6.25전쟁이 일어났을 때, 그는 연희대학교 1학년생이었다. 그는 자원 입대해서 포병 장교로 복무하다 중공군의 포로가 되었다. 그는 탈출을 시도하다 붙

풀려난 반공포로들, 이승만 초상화 들고 행진

석방된 반공포로들이 태극기와 이승만의 초상화를 들고 행진하고 있다. 이승만은 6.25전쟁 휴전 협상이 막바지에 이르렀던 1953년 6월 18일 반공포로 2만 2000여 명을 석방했다. 반공포로들이 고국에서 추방되거나 북한으로 끌려갈 위험에서 구한 것이었다.

잡혀 감옥에 갇혔는데, 당시 4명의 한국군 장교들이 함께 수감되었다. 그들은 모두 영양실조로 병사했다.

조 소위의 증언으로, 아직도 북한에 한국군 포로들이 많이 있으며 그들의 처지가 비참하다는 것이 알려졌다. 그러나 한국 정부는 이들의 송환을 위해 별다른 노력을 기울이지 않았다. 특히 2000년에 비전향 장기수 공산주의자 63명을 북한으로 돌려보내면서도, 한국 정부는 북한에 한국군 포로들의 석방을 요구하지 않았다.

1994년 11월 조 소위는 중위로 진급하고 육군사관학교에서 전역식을 가졌다. 그의 복무 기간은 44년 3개월이었다. 2006년 그가 서거하자, 한국 정부는 장례식에 관심을 두지 않았다. 그래서 재향군인회가 나서서 '향군장'으로 치렀다. 국군장도 육군장도 아니고 향군장이었다. 제1차 세계대전의 갈리폴리 전역에 참가했던 마지막 노병이 죽었을 때, 호주 전역엔 반기가 내걸리고 중국을 방문한 수상은 노병의 국장을 위해 일정을 중단하고 급히 귀국했다.

2017년엔 이대용李大鎔 장군이 서거했다. 그는 6.25전쟁에서 전략적으로 가장 중요했던 '춘천 싸움'에서 6사단 7연대의 선임 중대장으로 공을 세웠다. 국군이 북진했을 때는 압록강에 맨 먼저 닿아서 압록강 물을 수통에 담아 이 대통령에게 바쳤다. 1975년

조창호(趙昌浩, 1930년 10월 2일~2006년 11월 19일)는 대한민국의 군인으로, 한국 전쟁 당시 조선민주주의인민공화국에 포로로 납북되어 전사자로 처리되었다가 43년만인 1994년 대한민국에 귀환한 인물이다.

4월 자유 베트남이 공산 베트남에 멸망하자, 주베트남 공사로 있던 그는 교민을 보호하기 위해 사이공에 남았다. 미국 대사관을 떠나는 마지막 헬리콥터에 오르라는 미국 외교관의 제의를 마다하고, 그는 남아서 교민들을 외국 공관들로 대피시켰다.

그 자신은 포로수용소에 갇혔다. 외교관의 지위를 인정해달라는 그의 요구는 받아들여지지 않았고, 그는 생존이 어려운 환경에서 날마다 고문을 받았다. 전향해서 북한으로 가라는 얘기였다. 주베트남 대사관의 부책임자였고 6.25전쟁의 영웅인 그는 선전 가치가 큰 인물이었다. 그는 그 시련을 끝내 견디고서 1980년 귀국했다.

이 장군의 장례는 가족장이었다. 실은 신문에 부고도 제대로 나지 않았다. 우리는 늘 진정한 영웅들을 그렇게 보낸다.

향군장이면 어떻고 가족장이면 어떠랴 — 그들은 괘념치 않으리라. 그들은 스스로 얻은 영예가 있으므로. 중세 서양 시인이 노래한 대로, 영예는 삭지 않으므로.

가축들은 죽고,

친척들은 죽고,

자신 또한 죽어야 한다.

그러나 영예는 결코 죽지 않는다.

그것을 얻을 수 있었던 사람에겐.

제13장 한미상호방위조약 체결

이승만 대통령이 휴전에 반대하고 한국 단독으로 북진하겠다고 선언한 뒤로, 미국은 그를 제거하는 계획—'에버레디 작전'을 확정했다. 그러나 그 후유증의 심각성과 그 무렵 매카시 상원의원의 활약으로 아이젠하워는 유화적으로 돌아섰다. 미국은 휴전이 성립된 뒤 빠른 시일 안에 한국과 상호방위조약을 맺기로 약속했다.

제13장

한미상호방위조약 체결

휴전 회담이 지지부진하고 전쟁이 길어지자, 미국 시민들은 전쟁에 염증을 내기 시작했다. 전쟁의 빠른 종결을 공약으로 내걸고 당선된 드와이트 아이젠하워(Dwight Eisenhower) 대통령은 정치적으로 어려워졌다. 이런 상황에서 이승만 대통령의 반공포로 석방으로 휴전 회담이 결렬되자, 미국은 당연히 격앙된 반응을 보였다.

휴전 반대에 대한 미국의 대응

이승만 대통령이 휴전에 반대하고 한국군 단독으로 북진하겠다고 선언한 뒤로, 미국은 그를 제거하는 계획을 다듬었다. 마침내 1953년 5월 24일 국제연합군 최고사령관 마크 클라크(Mark Clark) 대장은 '에버레디 작전(Operation Ever-ready)'을 확정했다. 이 대통령을 임시 수도 부산에서 다른 곳으로 유인한 다음, 미군이 부산에 진입해서 이 대통령에 충성하는 사람들을 체포하고 한국군 참모총장이 정부를 통제하도록 한다는 내용이었다.

5월 29일에 열린 국무부와 합동참모본부의 합동 회의에서 '에버레디 작전'의 실행이 논의되었다. 육군 참모총장 로턴 콜린스(Lawton Collins) 대장은 이승만의 제거를 강력히 추천했다. 그는 이승만의 상호방위조약 요구를 들어주는 것보다는 그를 보호 감금(protective custody) 아래 두는 것이 낫다고 주장했다. 그렇게 한 뒤에, 주한 미군을 철수한다는 얘기였다.

국무부 동아시아 담당 차관보 월터 로버트슨이 이의를 제기했다. "우리가 무슨 권위로 한국 정부를 접수합니까? 우리가 실은 우리 자신을 침략자의 위치에 놓는 것 아닙니까?"

해군 작전차장 도널드 던컨(Donald Duncan) 제독은 콜린스와 생각이 달랐다. 만일 이승만이 미국과 뜻을 함께 하지 않으면, 아군은 재앙적 상황을 맞을 수 있으니, 상호방위조약을 허락하는 편이 낫지 않느냐는 얘기였다. 이어 그는 미군을 한국에서 철수하는 것은 군사적 문제만이 아니라는 점을 지적했다. 세 해 동안 한반도에서 싸운 터에 갑자기 남한을 포기하는 것은 심각한 정치적 함의들을 품었다는 얘기였다.

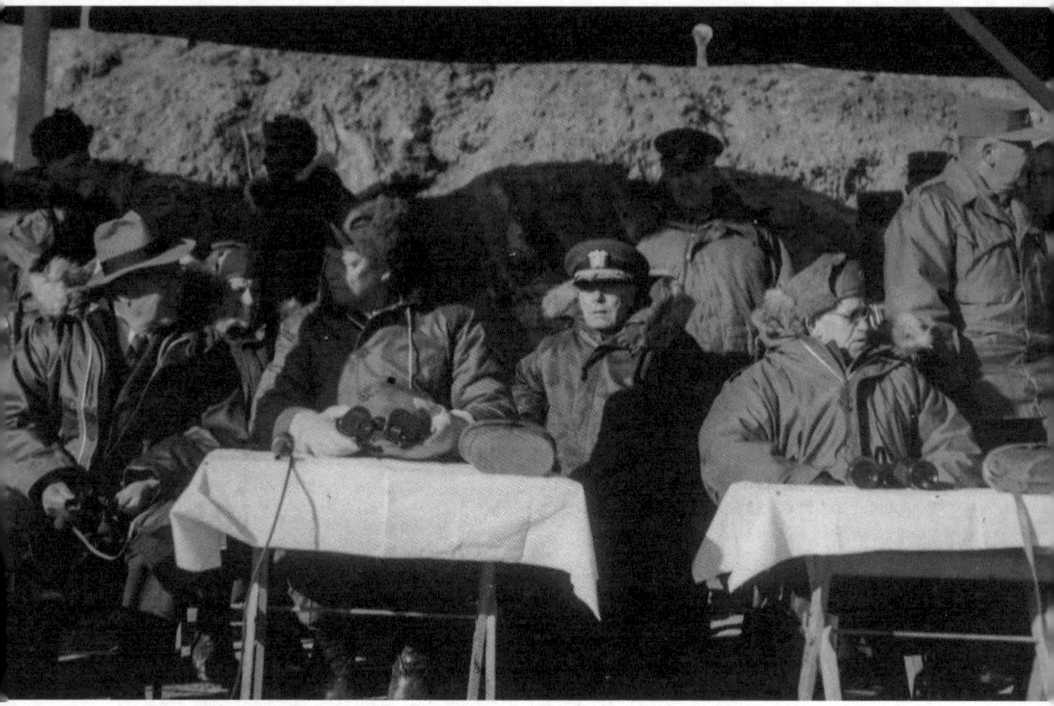

포사격 훈련 보는 이승만·아이젠하워·백선엽

1952년 12월 4일 경기 광릉 수도사단에서 아이젠하워(앞줄 왼쪽에서 둘째) 당시 미 대통령이 기갑부대의 기동, 포 사격 훈련을 참관하는 모습. 앞줄 왼쪽은 이승만 대통령이고, 오른쪽 끝에는 백선엽 육군참모총장이 서 있다. 1953년 7월 12일 미국과의 합의를 통해 한국은 휴전에 반대하지만 방해하지 않기로 했고, 미국은 휴전이 성립된 뒤 빠른 시일 안에 한국과 상호 방위 조약을 맺기로 약속했다.

이처럼 미국 정부의 한국전쟁 담당자들은 이승만의 거세고 끈질긴 휴전 반대 정책에 대해 어정쩡한 태도를 지녔다. 어떤 대응책도 신통치 않았고 아군의 분열과 군사적 패배의 위험을 안았다.

반공포로 석방에 대한 미국의 반응

1953년 6월 18일 이승만 대통령이 반공포로들을 석방하자, 휴전 회담이 마비되었다. 마지막 쟁점인 포로 교환 문제에 거의 합의한 터였는데, 제3국으로 송환될 북한군 반공포로들이 수용소들에서 풀려나 남한 사회로 숨어버린 것이었다.

판문점에선 미군 대표들의 체면이 많이 깎였다. 보다 중요하게, 공산군에 억류된 미군 포로들을 돌려받지 못하게 될 가능성이 커졌다. 워싱턴에선 한국전쟁의 조속한 종료를 공약으로 내걸었던 아이젠하워 대통령이 정치적 타격을 입었다.

이 대통령의 일방적 조치에 미국으로선 대응할 길이 마땅치 않았다. 먼저 떠오르는 방안은 이 대통령의 조치를 비난하고 한국전쟁에서 발을 빼는 길이었다. 이 경우, 한국군은 탄약 부족으로 며칠 못 가서 공산군에 패배할 터였다. 한국군이 전선의 3분의 2를 맡은 상황에선, 전세가 단숨에 적군 쪽으로 기울 수밖에 없었다.

그나마 미군이 한반도에서 안전하게 철수하리라는 보장도 없었다. 실은 기세가 오른 공산주의 세력이 남한만을 차지하고 멈추리라 기대할 수도 없었다. 남한의 공산화가 미칠 영향은 온 세계에 걸쳐 가늠하기 힘들 만큼 크고 오래 갈 터였다.

보다 온건한 방안은 '에버레디 작전'의 실행이었다. 그러나 이 방안도 보기보다 위험하고 후유증이 크리라는 것이 드러났다.

1953년 8월 한미상호방위조약 조인식 행사 참석차 내한한 덜레스 미 국무장관과 담소하는 이승만 대통령

궁극적 문제는 이 대통령이 워낙 뛰어난 지도자였고 국민들의 열렬한 지지를 받는다는 사실이었다. 누구도 그를 대신할 수 없었다. 이 대통령이 미군에 의해 구금되었다는 것이 알려지면, 한국군 장병들의 태도는 부정적일 터였다. 일반 국민들의 분노와 저항이 폭발적이리라는 것은 누구라도 예상할 수 있었다. 자칫하면, 한국군과 미군이 충돌할 수도 있었다.

아이젠하워 대통령은 위험하고 후유증이 큰 군부 정변보다는 이승만과의 협상으로 기울었다. 게다가 매카시 상원의원의 활약으로 미국에선 공산주의 세력에 적극적으로 대응해야 한다는 여론이 일었다. 만일 아이젠하워가 공산주의 세력에 유화적 정책을 편다는 인식이 퍼지면, 그가 입을 정치적 타격은 작지 않을 터였다.

마침 신임 국무장관 존 포스터 덜레스(John Foster Dulles)는 반공주의자여서, 이승만에게 호의적이었다. 덜레스의 건의를 받아들여, 아이젠하워는 이승만에게 미국에 와서 협의하라고 초청했다. 이승만은 어려운 시기에 한국을 떠나기 어렵다고 밝히고 덜레스의 한국 방문을 제안했다. 미국은 덜레스 대신 실무자인 로버트슨을 보냈다.

상호방위조약 협상

로버트슨은 1953년 6월 25일 서울에 닿았다. 미국이 조지 마셜 원수를 대통령 특사로 중국에 보내 '국공내전'의 휴전을 시도했을 때, 로버트슨은 그를 보좌했었다. 그는 중화민국이 공산당 반군에 패배해서 중국 대륙이 공산화된 일에선 미국의 책임이 크다고 보았다. 중화민국이 대만으로 옮겨간 뒤엔, 대만의 방위를 위해 진력했다.

공산주의의 위협에 관한 견해가 같았고 상대의 어려운 입장을 이해했으므로, 이 대통령과 로버트슨은 우호적 분위기 속에서 협상했다. 마침내 7월 12일에 양측은 합의에 이르렀으니, 한국은 휴전에 반대하지만 방해하지 않기로 약속했고 미국은 휴전이 성립된 뒤 빠른 시일 안에 한국과 상호방위조약을 맺기로 약속했다.

이런 합의에 따라, 한국군은 휴전 협정 조인에 참가하지 않았다. 그래서 '국제연합군 총사령관을 일방으로 하고 조선인민국 최고사령관 및 중국인민지원군 사령관을 다른 일방으로 하는 한국 군사 정전에 관한 협정'이 1953년 7월 27일 오전 10시에 판문점에서 조인되었다. 그리고 12시간 뒤에 7백리 휴전선에서 총성이 멎었다.

비참한 전쟁이 멈췄지만, 이 대통령은 마음이 편할 수 없었다. 그날 발표된 성명에서 그의 비통한 마음이 읽힌다.

> 공산 압제 하에서 계속 고생하지 않으면 안 되게 된 우리 북한 동포여, 희망을 버리지 마십시오. 우리는 여러분을 잊지 않을 것이며 모른 체하지도 않을 것입니다. 한국 민족의 기본 목표 즉 북쪽 우리의 강토와 동포를 다시 찾고 구해내자는 목표는 계속 남아 있으며 결국 성취되고야 말 것입니다. 유엔은 이 목표를 위하여 협조하겠다고 약속하였습니다.

8월 4일엔 덜레스 국무장관이 한미상호방위조약 체결을 위해

상호방위조약 서명하는 한미

1953년 10월 1일 미국 워싱턴에서 덜레스 미 국무장관과 변영태(오른쪽) 외무장관이 한미상호방위조약 문서에 정식으로 서명하고 있다.

서울을 찾았다. 양측의 입장이 상당히 달라서, 합의하는 데 시간이 걸렸다. 마침내 8월 8일 변영태卞榮泰 외무장관과 덜레스 장관이 조약을 가조인했다. 이어 10월 1일에 워싱턴에서 정식으로 조인되었고 1954년 1월 13일에 발효되었다. 조약의 핵심은 미군을 한반도에 주둔시킨다는 조항이었다. 이 조항에 따라 미군은 지금까지 70년 동안 한국에 주둔하면서 한국을 지켰다.

한미상호방위조약은 이 대통령에겐 개인적으로도 뜻깊은 일이었다. 1904년 겨울에 민영환과 한규설 두 우국 대신으로부터 조국을 지킬 방도를 마련하라는 임무를 받고 제물포에서 기선에 오른 지 반세기—그는 조국을 지킬 미국과의 조약을 마련하여 그 임무를 완수했다.

매카시의 공헌

매카시는 소비에트 러시아의 첩자들이 끼친 엄청난 해악을 사람들이 깨닫도록 했다. 그의 활약 덕분에 미국은 처음으로 안보체제를 갖추었다.

그 과정에서 그는 한국에 결정적 도움을 주었다. 위에서 살핀 것처럼, 매카시는 1950년 2월의 휠링 연설로 '애치슨 선'을 무력화하고 북한군의 침공으로 시작된 전쟁에 미국이 참전하도록 만들었다. 1953년 여름엔 공산주의 세력의 위험을 미국 시민들이 깨닫도록 해서, 아이젠하워 대통령이 휴전 회담에서 공산군에 유화적 정책을 펼 정치적 공간을 줄였다.

한국 전쟁이 일어난 뒤, 그는 한국을 실질적으로 도우려 애썼다. 그가 큰 관심을 보인 문제는 '미국의 소리(VOA)' 방송이 공산주의 세력에 대해선 호의적이면서도 자유 세계를 힘겹게 지키는 대한민국에 대해선 늘 비판적이었다는 사실이었다.

1952년 여름 직선제 개헌과 관련된 '국제공산당 사건'이 일어

조지프 레이먼드 매카시(Joseph Raymond McCarthy, 1908년 11월 14일 ~ 1957년 5월 2일)는 미국의 공화당 정치인으로 위스콘신주 상원을 지냈다.

났을 때, VOA는 그 사건에 관한 KBS의 발표를 뒤집는 내용을 방송했다. 이 일로 공보처는 VOA의 방송을 보름 동안 중단시켰다. 매카시는 VOA의 정책이사 에드윈 크레츠먼을 청문회에 불러서 상황을 확인했다. 그리고 크레츠먼에게 물었다. "당신들은 이승만에 관한 이런 방송들에서 호의적 논평들을 내보낸 적이 있습니까?" 크레츠먼은 대답했다. "없습니다. 왜냐하면, 당시 미국 언론이나 유럽 언론에서 [이승만에 관한 호의적 논평을] 찾을 수 없었기 때문입니다."

이 대화는 매카시의 공정성에 대한 예민한 감각과 공산주의자들의 교활한 행태에 대한 통찰을 잘 보여준다. 어떤 사람이나 나라에 대해서 결점들만을 얘기하고 장점들을 언급하지 않으면, 설령 그 얘기들이 사실일지라도, 그것은 편향적이 된다. 우세한 무력으로 침공한 공산군과 힘들게 싸우는 나라에 대해선 편향적으로 보도하고 침공한 북한이나 중공에 대해선 아무런 얘기도 하지 않으면, 편향성은 더욱 커진다. 매카시는 "호의적 논평을 내보낸 적이 있습니까?"라는 가벼운 질문 하나로 공산주의자들이 들끓는 미국 공보기관의 문제점을 또렷이 부각시킨 것이었다.

매카시의 차석 보좌관 로버트 케네디(Robert Kennedy)는 능력이 뛰어났고 매카시에게 끝까지 충성하면서 그를 도왔다. 중서부의 가난한 농장에서 태어난 매카시는 동부의 명문 케네디 가문과 아일랜드계 천주교도라는 공통점 덕분에 가까웠고 대통령이 될 존과 로버트의 아버지인 조지프 케네디(Joseph Kennedy)의 도움을 많이 받았다.

로버트 케네디는 미국 의회가 중공 정권과의 교역을 금지했음에도 불구하고 미국 정부는 그런 금지를 제대로 시행하지 않아서 전쟁 물자들이 중공 정권으로 많이 들어간다는 것을 밝혀냈다. 그러나 담당 관리는 그 법이 동맹국 정부의 행위들에만 적용되고 개인들의 행위들엔 적용되지 않으므로 미국 정부로선 할 수 있는 일이 없다고 설명했다. 케네디는 중국과의 교역에 이용되는 선박들이 주로 그리스 선적이라는 것을 확인하자, 선주들을 만나서 금지된 품목들을 중국으로 수송하지 않겠다는 약속을 받아냈다.

매카시는 상원에서 조지 마셜 원수가 소비에트 러시아를 위해 일해왔다고 비난했다. 마셜은 2차 대전에서 육군 참모총장으로 전쟁을 실질적으로 지휘했었다. 그리고 아이젠하워는 마셜의 지휘를 받아 연합군의 작전을 주도했었다. 따라서 매카시의 마셜에 대한 공격은 실질적으로는 아이젠하워에 대한 공격이었다.

아이젠하워는 인기가 높은 매카시가 자신에게 위협이 되리라고 판단하고 그를 꺾으려 했다. 같은 공화당 출신 대통령이 박해하니, 매카시로선 도와줄 세력이 없었다. 그래서 그는 어이없는 이유로 상원의 견책을 받았다. 울분과 실의로 건강을 잃은 그는 1957년에 죽었다. 그가 죽자, 그의 적들이 그의 악마화에 나섰다. 그리고 그 공작을 주도한 러시아 비밀경찰 NKVD가 만든 '매카시즘(McCarthyism)'이란 말이 뿌리를 내렸다.

매카시의 비극적 운명에 대해, 소비에트 러시아 첩자들의 실태를 가장 잘 알았을 연방수사국(FBI) 국장 에드거 후버(Edgar Hoover)는 간명하게 설명했다. "당신이 어떤 종류든지 나라를 전복하려는 사람들(subversives)을 공격하면, 당신은 가장 극단적으로 악랄한 비난의 희생자가 되게 마련이다."

2029
2029
2029
712th
TROB

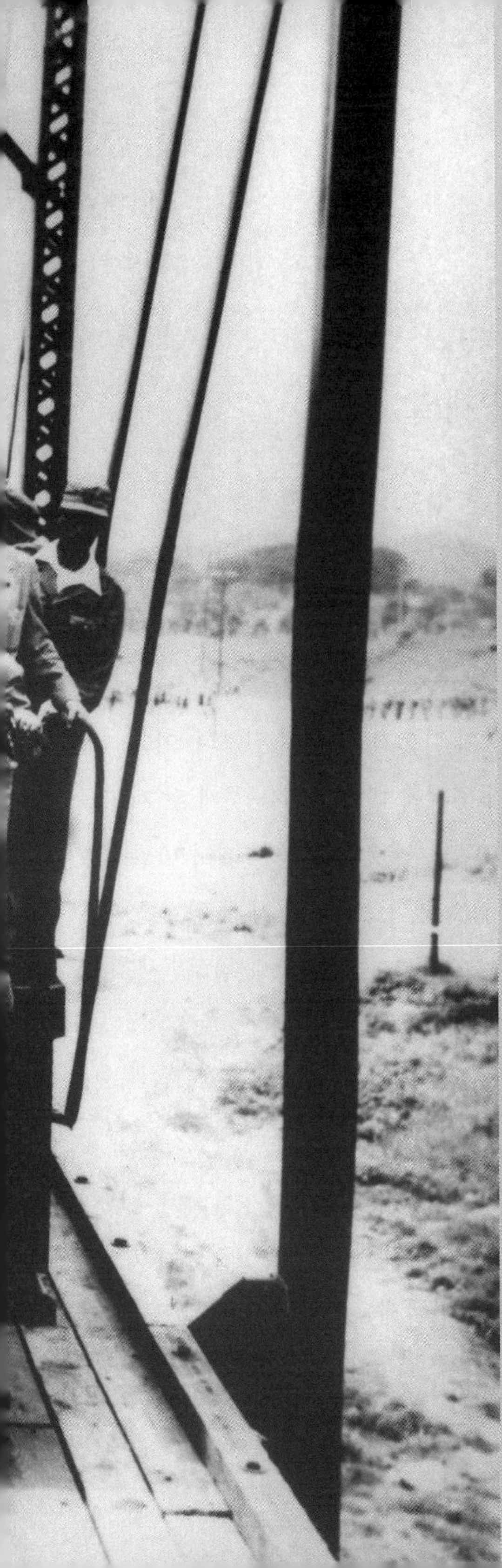

제 14 장

경제 개발

대한민국이 건국되자 이승만 대통령은 '산업부흥 5개년 계획'을 수립했다. 그러나 이 멋진 계획은 6.25전쟁으로 무산되었다. 이승만 정권이 만든 마지막 경제 계획은 '경제 개발 3개년 계획'인데 이것이 박정희 정권에서 추진한 경제 개발 계획들의 바탕이 되었다.

제14장

경제 개발

'시장경제(market economy)'라는 말이 나오기 반 세기 전부터, 이승만은 시장경제 신봉자였다. 그가 경제에 대해 관심을 갖게 된 계기는 1895년에 발간된 유길준俞吉濬의 「서유견문西遊見聞」에서 바깥 세상의 상업과 교역을 알게 된 일이었다. 그 뒤로 세계 경제를, 특히 미국의 발전되고 융성하는 경제를, 공부하고 관찰하면서, 그는 자신의 경제관을 세웠다.

시장경제의 추구

1945년 6월 미국에서 그가 주도한 '대한민주당'이 창립되었다. 이 정당의 정책들 가운데 하나는 "국제통상을 장려함"이었다.

당시는 온 세계가 전쟁에 휩싸인 때였고, 나라마다 자급자족 경제(autarky)를 추구했다. 그런 상황에서 이승만과 그의 동지들은 국제 통상의 근본적 중요성을 인식한 것이었다.

"국제통상의 장려"라는 대한민주당의 정책은 이승만이 자본주의와 시장경제를 추구했음을 보여준다. 사회주의를 따르는 명령경제 체제에선 국제 교역이 들어설 자리가 아주 좁다. 이 점은 이승만의 경제 사상의 이해에 긴요하다. 대조적으로, 중경임시정부가 1941년 11월에 공표한 '대한민국 건국강령'은 사회주의적 세계관을 반영했다. 그래서 "전국의 토지와 대생산기관의 국유"를 기본 경제 정책으로 삼았다.

대통령이 되어 나라를 이끌게 되자, 그는 시장 경제가 뿌리를 내리도록 힘썼다. 귀속재산을 불하할 때, 그는 둘레의 반대를 물리치고 대기업들도 민간에게 불하하도록 주선했다. 농지 개혁을 할 때도, 그는 '유상 몰수 유상 분배'를 원칙으로 삼아 시장경제의 기본인 재산권을 최대한 보호하면서 지주들의 보상금이 산업에 투자되도록 유도했다.

아울러, 그는 국민들이 기업가 정신을 지니도록 독려했다. 한국 주재 외국인들이 한국 특색이 있는 성탄 카드와 선물을 고국으로 보내려 해도 마땅한 물건이 없다는 얘기를 듣자, 그는 담화를 발표했다.

한강철교 개통 시승식 참석한 이승만

1952년 7월 22일 한강철교를 개통한 후 기차에 시승해 한강을 건너는 이승만(앞줄 가운데) 대통령. 한강철교는 6.25전쟁 직후 폭파됐다가 복구됐다. 이승만은 대한민국 정부수립 직후 경제 발전을 위해 '산업부흥 5개년 계획'를 세웠지만 6.25전쟁으로 무산됐다. 그는 전후에도 경제개발 계획을 만들어 산업화 정책을 밀고 나가 비료 공장, 시멘트 공장 등 기반 시설들을 건설했다.

작년에 성탄 선물과 성탄 엽서를 많이 만들어서 팔게 하라는 담화를 낸 후에 그 성적이 매우 좋아서 외국인들이 이 엽서와 기념품을 사다가 자기 나라에 많이 보냈던 것인데, 우리 한국인들도 차차 눈이 떠서 1년 동안 틈틈이 만들어 두었다가 때맞춰 팔 것으로 기대했던 바, 금년에 아직도 이런 물건이 장에 나오거나 PX에 진열된 것이 도무지 없다. [...]
우리 경제를 걱정하는 친구들이 말하기를, 한국 풍속과 특색을 그린 엽서들이 일본에서 들어온다 하며, 한국에서 난 것이 있으면 이것을 쓰겠는데 부득이 일본 것을 사게 된다 하니 우리 경제 발전을 이런 데까지라도 주의하여 생각하지 못하면 세계에서 도와주려고 해도 생활 개선이 안 될 것이니, 모두 각성해서 부지런히 무엇이든 만들어 발전케 해야 할 것이다.

경제개발 계획 수립

어렵사리 시장경제 체제를 갖추었지만, 1930년대 중엽에 시작된 중일전쟁 이래 큰 전쟁들을 치르느라 피폐한 한국 사회에서 민간 부문의 역량엔 큰 제약이 있었다. 아울러, 미국과 국제연합이 제공한 대규모 원조는 정부 부문의 합리적 계획을 요구했다.

이 대통령은 경제 발전을 위해선 전략적 분야들에 대한 정부의 투자가 긴요하다는 점을 잘 인식했다. 대한민국이 서자, 그는 바로 '산업부흥 5개년 계획'을 수립했다. 이 계획은 1) 민수공업품의 자급자족, 2) 수출 공업 진흥, 3) 중공업 육성을 주요 목표로 삼았다. 대한민국 역사에서 처음 나온 '종합적 중기계획'인 이 멋진 계획은 6.25전쟁으로 무산되었다.

휴전 반대를 철회하면서, 한미상호방위조약을 맺었을 때, 그는 큰 군대를 유지하는 데 필요한 경제 원조도 함께 얻었다. 그는 전략적 부문마다 '개발 계획'을 수립해서 원조 자금이 효율적으로 쓰이도록 독려했다.

이승만 정권이 만든 마지막 경제 계획은 '경제 개발 3개년 계획'인데, 총량적 목표들과 그것들을 달성하기 위한 정책 수단들을 종합적으로 고려했다. 이 모범적 경제개발 계획은 장면 정권과 박정희 정권에서 추진한 경제개발 계획들의 바탕이 되었다.

미국의 경제 원조에서 상당 부분은 미국 국내에서 소비되고 남은 '잉여 농산물(Surplus agricultural products)'이었다. 전쟁으로 국민들이 굶주리니, 잉여 농산물은 더할 나위 없이 반가운 선물이었다. 이런 농산물을 국내 시장에 판매한 대금은 대충계정(counterpart fund)에 예치되고 미국과의 협의 아래 사용되었다. 대충 자금은 미국이 10 내지 20 퍼센트를 경비로 쓰고 나머지는 한국 정부에서 썼다.

한국 정부가 쓰는 대충자금의 용도를 놓고, 한국과 미국 사이엔 늘 의견 차이가 있었다. 미국 정부는 미국과 일본에서 소비재를 많이 들여오라고 권고했고, 한국 정부는 자금의 큰 부분을 산업 시설에 투자해서 산업화의 길로 들어서겠다고 주장했다. 이 대통령은 꿋꿋이 산업화 정책을 밀고 나가서, 당장 필요한 기반 시설들을 건설했다.

1959년에 건설된 충주비료 공장이 대표적이다. 미국은 한국으로 하여금 자국에서 생산된 비료를 수입하도록 했다. 남는 농산물을 원조해주고 자국의 비료를 사가도록 한 것이었다. 이 대통령은 그렇게 농업 부문이 미국에 예속되는 것을 거부하고 원조 자금으로 비료 공장을 먼저 세웠다. 이보다 두 해 전엔 문경시멘트 공장과 인천판유리 공장을 건설했다. 시멘트, 판유리와 비료는 전쟁으로 파괴된 나라에 먼저 필요한 품목들이었다.

광물 자원이 대부분 북한에 있었던 터에 미군정 시기에 북한이 전기를 끊어서, 남한에선 발전과 난방에 필요한 석탄에 대한 수요가 갑자기 커졌다. 대한민국 정부가 서자, 석탄 수송 철도들인 삼척탄광선, 영월탄광선, 단양탄광선의 부설이 시작되었고, 전쟁이 끝난 뒤에 모두 부설되었다.

에너지 수요의 빠른 증가에 대응하여, 발전소들도 여럿이 건설되었다. 화력 발전소인 당인리 3호기, 마산 1,2호기, 삼척 1호기와 화천 수력 2호기가 건설되어 차츰 필요한 전력이 공급되었다.

세 해가 넘는 전쟁으로 사회의 거의 모든 기반이 무너진 상황에서 이처럼 효과적인 산업 시설의 건설은 경이롭다. 많은 피난민들을 받아들여 재우고 먹이는 일에도 벅찬 터에, 앞날을 내다보고 절대적 영향력을 지닌 미국의 반대를 무릅쓰고 산업 기반 시설에 투자했다는 사실은 우리로 하여금 이 대통령의 인품과 통찰력에 대해 깊이 성찰하도록 만든다.

그가 1959년 3월에 원자력연구소를 설립하고 7월에 우리나라 최초의 소형 연구용 원자로를 기공한 것을 알게 되면, 그런 성찰은 깊이를 더한다. 아직 전란의 상흔들이 도처에 남은 시절에 원자력의 평화적 이용이 중요하다는 것을 깨닫고 먼 미래를 위해 투자한 것이었다. 당시 그를 비웃은 사람들은 그를 제어하지 못해서 앙앙불락한 주한 미국대사관 사람들만은 아니었을 것이다.

이처럼 경제 부흥에 애쓴 덕분에, 우리 경제는 빠르게 발전했다. 전후의 연간 성장률은 예상보다 훨씬 높았다.

연도	1954년	1955년	1956년	1957년	1958년	1959년
성장률	9.5%	5.6%	0.6%	9.4%	6.6%	5.6%

이처럼 빠른 경제 발전이 가능하도록 만든 요인들 가운데 가장 중요한 것은 당시 한국 정부가 부패하지 않았다는 사실이다. 외국에서 많은 원조가 들어오면, 그것을 쓰는 과정에서 부패가

따르는 것이 상례다. 그러나 미국이 한국에 제공한 원조는 효율적으로 빈민 구호와 산업 개발에 투입되었다.

그런 효율적 행정을 가능하게 한 것은 이승만 정권이 예상보다 훨씬 깨끗했다는 사정이었다. 길고 파괴적인 전쟁은 도덕 수준을 낮추고 법의 엄정한 집행을 방해하고 권력을 쥔 자들의 행패를 부른다. 그러나 이승만 정권에서 부패한 고위 관료들은 오래 가지 못했다.

휴전 직후인 1953년 9월 10일, 이 대통령은 "정부 관공리가 민간에 나가서 재산이나 물자를 토색討索하는 것은 유래由來로 다스리는 것이오, 더욱이 민국에 있어서는 이를 엄금하는 법률이 자재自在하고 당국에서 엄절嚴切히 집행해가는 중인데, 근래에 정령政令이 해이해져서 지방에서 토색하는 것이 5, 6십 종류에 이른다는 것은 실로 놀랄 만한 일이다"라는 담화를 발표했다. 그리고 감독 책임을 물어 내무부장관, 농림부장관 및 내무부 지방국장을 즉각 파면했다.

이처럼 단호하게 부패에 대해 대처할 수 있었던 것은 이 대통령 자신이 청렴하고 늘 국민들을 보살폈다는 사실 덕분이었다. 중공군에 패해서 서울을 다시 공산군에 빼앗길 급박한 상황이었던 1950년 12월 27일에 프란체스카 여사가 『난중일기』에 기록한 일화는 그의 성품을 전한다.

원자로 기공식 첫 삽

한국 최초의 연구용 원자로인 '트리가 마크 2호' 기공식(1959)에서 첫 삽을 뜨는 이승만.

대통령은 일선으로 시찰 떠나는 신[성모] 국방장관이 장갑이 없는 것을 알게 되자, 내가 이번 크리스마스 때 대통령에게 선물했던 장갑을 사양하는 그에게 억지로 주어 보냈다고 한다.

부상병들을 위문한 후 대통령은 서울역 부근을 돌아보았다. 추위 속에서 대통령이 장갑도 끼지 않고 맨손으로 돌아다니는 것을 본 어떤 노인이 불에 데워 [종이와 헝겊으로] 꼭꼭 싸서 손에 쥐고 있던 따뜻한 조약돌을 대통령에게 주었다. 그에 대한 답례로 대통령은 호주머니에 있던 작은 잣 주머니를 피난 가는 노인에게 선물했다고 김장흥 총경이 말해주었다.

인하공대 설립

1952년 11월 부산 경무대에서 이 대통령은 김법린金法麟 문교부 장관에게 지시했다. "김 장관, 한국의 MIT를 세우도록 하시오." 전쟁이 끝나면, 무너진 산업을 일으켜야 하는데, 그 일에 긴요한 요소가 기술 인력이라는 뜻이었다.

마침 그 해는 하와이 이민 50주년이었다. 1902년 12월에 이민 희망자 121명이 일본 여객선 '겐카이마루'를 타고 제물포를 떠났다. 이들 가운데 절반가량이 조지 존스(George Jones) 목사 부부가 운영하던 안골예배당(내리교회) 신도들이었다. 그래서 하와이 이민자들의 다수는 기독교 신앙이 깊었고 이민 사회는 감리교회 중심으로 움직였다. 세 해가 채 못되는 기간에 7,500명가량 되는 조선인들이 하와이로 이주했다.

하와이 이민은 조선 역사에서 나온 첫 공식 이민이었고 가장 성공적인 집단 이민이었다. 그리고 하와이는 이승만의 '제2의 고향'이었다. 그는 1913년부터 하와이의 젊은 세대를 가르쳤고 미국 감리교회로부터 독립된 한국 감리교회를 세웠다. 그렇게 형성된 하와이 한인 사회의 존재와 그곳 동포들의 충실한 지지 덕분에, 그는 긴 세월을 힘든 독립운동에 전념할 수 있었다.

1953년 8월 28일 인하공과대학 기공식장

그래서 이 대통령은 하와이 이민 50주년을 기념하는 뜻에서 인천에 좋은 공대를 세우기로 한 것이었다. 그는 자신이 하와이에 설립해서 운영했던 '한인기독학원'을 처분한 대금을 대학 설립의 종잣돈으로 삼았다. 그 돈에 하와이 동포들의 성금과 국고보조금을 보태서 대학 설립에 필요한 자금을 마련했다. 대학 이름은 인천의 인仁자와 하와이의 하荷를 따서 인하공과대학(IIT)이라 지었다. 두 해 뒤, 금속, 기계, 광산, 전기, 조선, 화학공학의 6개 학과에서 신입생 179명을 받아들였다.

그가 처음 공대 설립을 밝히자, 미국 대사관 사람들은 드러내

놓고 비웃었다. 치열한 전쟁을 하면서 생존을 걱정하는 나라에서 웬 공대냐는 얘기였다. 이 대통령은 아랑곳하지 않고 1958년엔 인하공대와 서울공대에 원자력학과를 설치하도록 했다. 이듬해에 원자력연구소를 세우고 시험용 원자로를 설치하려는 계획에 선행하는 조치였다. 그 뒤의 일은 우리가 잘 아는 역사다.

제15장 이승만의 허물

"지금 내가 물러나면, 틀림없이 공산주의 국가들은 제네바 회담을 다시 열자고 할 터이고 미국은 그들의 요구를 들어줄 것이다. 공산주의자들은 새로 총선거를 치르자고 할 터이고, 거의 틀림없이 미국은 그들의 제안을 받아들일 것이다. 그때 과연 내 후임자가 미국의 압력을 견딜 수 있을까?"

그 심중한 물음에 그는 고개를 저었을 것이다. 당시 그의 후임으로 유력했던 신익희, 장면 및 조병옥은 미국의 뜻을 거스를 의사도 의지도 없었다.

제15장

이승만의 허물

산이 높으면, 골이 깊다. 지도자의 업적이 크면, 어쩔 수 없이 허물도 커진다. 보통 사람들의 허물은 영향이 제한적이지만, 위대한 인물의 허물은 부정적 영향이 널리 그리고 오래 미칠 수밖에 없다.

제2차 개헌

1954년 11월 27일 국회는 제2차 헌법 개정안을 표결에 부쳤다. 개표해보니, 찬성 135표, 반대 60표, 기권 7표였다. 개헌안은 재적의원의 3분의 2 이상이 찬성해야 통과되는데, 당시 재적의원은 203명이었다. 따라서 제2차 개헌안은 135.333…명의 찬성이 필요했다. 1표가 모자라자, 사회를 맡은 최순주崔淳周 부의장은 부결을 선언했다.

이튿날 갈홍기葛弘基 공보처장이 "개헌안은 통과된 것으로 본다"는 담화를 발표했다. "재적의원 203명의 3분의2는 135.333…인데, 인체는 소수점으로 나눌 수 없으므로, 소수점 이하는 사사오입을 해야 한다"는 논리였다.

11월 29일 최 부의장은 개헌안의 가결을 선포했다. 그러자 개헌에 반대하는 의원들이 거칠게 항의하고서 퇴장했다. 자유당 의원들만이 참석한 회의는 '부결된 개헌안이 가결 통과'된 것으로 수정해서 정부로 이송했다.

'사사오입 개헌'이라 불리게 된 제2차 개헌에서 핵심적 내용은 시장에 대한 정부의 과도한 통제를 줄여서 헌법을 시장경제의 원리에 맞도록 한 것이었다. "광물 기타 중요한 지하자원, 수산자원, 수력과 경제상 이용할 수 있는 자연력은 국유로 한다"는 조항과 "중요한 운수, 통신, 금융, 보험, 전기, 수리, 수도, 까스 및 공공성을 가진 기업은 국영 또는 공영으로 한다"는 조항을 삭제한 것은 대표적이었다. 제1차 개헌으로 대통령 간선제를 직선제로 바꾸고 제2차 개헌으로 사회주의적 색채를 많이 지우면서, 비로소 대한민국 헌법은 자유민주주의 헌법의 모습을 제대로 갖추었다.

연임제한 조항의 우회

제2차 개헌안의 핵심은 실은 본문이 아니라 “이 헌법 공포 당시의 대통령에 대하여는 제55조 제1항 단서의 제한을 적용하지 아니한다”는 부칙이었다. 여기서 언급된 제55조 제1항은 “대통령과 부통령의 임기는 4년으로 한다. 단, 재선에 의하여 1차 중임할 수 있다”였다. 따라서 제헌헌법 공포 당시의 대통령이었던 이승만은 연임할 수 있게 되었다.

제2차 개헌은 재적의원의 3분의 2에 미치지 못하는 찬성표를 ‘사사오입’으로 억지스럽게 맞추었다는 점이 문제가 되었다. 그것은 분명히 잘못된 일이었지만, 그래도 그것은 형식적 문제였고, 어떤 뜻에선 사소한 일이었다.

대통령의 임기를 중임으로 제한한 제헌 헌법의 규정은 결코 제2차 개헌의 부칙과 같은 편법으로 우회해선 안 되는 본질적 규정이었다. 설령 개헌안이 더 많은 지지를 받아 적법하게 통과되었더라도, 그 사실은 바뀌지 않는다.

대통령의 임기를 중임으로 제한하는 관행은 가장 먼저 그리고 성공적으로 대통령제를 운영해온 미국에서 나왔다. 미국 헌법은 처음엔 대통령 임기를 제한하지 않았다. 그러나 초대 대통령 조지 워싱턴(George Washington)이 중임한 뒤 물러나고 다른 대통령들도 그를 본받으면서, 중임제가 불문율로 자리잡았다.

프랭클린 루스벨트(Franklin Roosevelt)는 1933년부터 1940년까

지 재임했다. 그리고 당시 유럽에서 한창인 전쟁을 이유로 들면서 3선에 나서서 당선되었다. 이어 미국이 제2차 세계대전에 참가했다는 사정을 내세워 네 번째 대통령이 되었다. 그러나 루스벨트의 장기 집권은 여러 중대한 문제들을 드러냈고, 1947년에 대통령의 임기를 중임으로 제한하는 수정 헌법 제22조가 만들어졌다.

이 대통령은 조지 워싱턴을 숭배했다. 그리고 루스벨트의 장기 집권이 낳은 문제들을 잘 알았다. 그러나 그는 워싱턴 대신 루스벨트를 따라 종신 대통령의 길을 걸었다.

여기서 어쩔 수 없이 안타까운 물음이 나온다. '왜 이 대통령은 그렇게 연임에 집착했는가?' 그는 권력 자체에 집착한 지도자가 아니었음을 우리는 그의 삶에서 확인할 수 있다. '그런데 왜 1954년엔 연임을 시도했는가?'

이내 떠오르는 답변은 당시 동아시아의 위태로웠던 정세다. 1953년 7월의 휴전 협정엔 '협정 발효 뒤 3개월 안에 정치회담(political conference)을 연다'는 조항이 있었다. 이 조항에 따라, 1954년 4월에 제네바에서 자유 진영의 한국과 미국을 비롯한 국제연합 참전국이 공산 진영의 북한, 중국, 소비에트 러시아와 회담을 열었다. 특이한 것은 러시아가 중립국으로 참가한 것이었다. 러시아가 중립국일 수 없다는 한국의 주장을 미국이 끝내 받아들이지 않은 것이었다.

한국은 '대한민국 정부가 한반도의 유일한 합법 정부이므로 북한에서만 국제연합이 주관하는 선거가 치러져야 한다'고 주장했다. 중국은 중립국들이 선거를 주관하는 방안을 내놓았고 북한은 이를 받아들였다. 그러나 양측 다 양보할 뜻이 없었으므로, 회담은 나아가지 못했다.

그러자 영국이 주도해서 '참전국 타협안'을 내놓았는데, '국제연합 주관으로 남북한 전역에서 총선거를 치른다'는 내용이었다. 미국은 이 안을 받아들이라고 한국에 강권했다. 그러나 이 대통령은 '참전국 타협안'이 본질적으로 "국제연합과 대한민국이 스스로 과거의 결의와 행동을 부인하는 것"이라는 점을 들어 미국의 거센 압박에 맞섰다. 결국 한반도 문제를 다루는 정치 회담은 결렬되었다. 그렇게 해서, 이 대통령은 대한민국의 기초를 허물려는 공산 진영의 술책과 그것에 동조한 우방의 압력을 끝내 물리치고 나라를 지켰다. 이 일은 언급되는 적이 드물지만, 실은 대한민국의 존속에 대한 중대한 위협이었다.

당시 제네바에선 프랑스령 인도차이나 문제도 함께 다루어졌다. 디엔비엔푸에서 프랑스군이 베트남 공산군에 항복한 날에 시작된 협상에서, 베트남은 북위 17도선을 경계로 삼아 북쪽의 공산주의 지역과 남쪽의 자유주의 지역으로 나뉘었다. 이런 상황에서 100만 명가량 되는 북부 사람들이 남부로 탈출했다. 이들은 주로 하이퐁 항을 통해서 미국이 보낸 배들로 탈출했다. 현장에 있었던 기자들은 2백만 내지 3백만 명이 배를 못 타서 북부에 남았다고 추산했다.

1950년 12월 미군의 흥남 철수작전 덕분에 탈출한 북한 주민은 10만 명 가까이 되었다. 당시 배가 부족해서 흥남 부두에 모인 피난민들의 절반만 싣고 나왔다고 철수작전의 보급을 지휘한 제임스 도일(James Doyle) 제독은 술회했다. 따라서 하이퐁 철수는 흥남 철수의 10배가 넘는 규모였고 남겨진 사람들은 20 내지 30배가 되었다. 흥남 철수의 비극을 노래한 현인의 〈굳세어라 금순아〉가 국민 가요가 된 그때, 하이퐁 철수의 비극은 먼 나라 얘기가 아니었다.

세계적으로 자유주의 진영이 공산주의 진영에 속절없이 밀리던 그때, 이 대통령은 자신에게 물을 수밖에 없었을 것이다. "지금 내가 물러나면, 틀림없이 공산주의 국가들은 제네바 회담을 다시 열자고 할 터이고 미국은 그들의 요구를 들어줄 것이다. 그리고 틀림없이 공산주의자들은 통일 정부 수립을 위해 새로 총선거를 치르자고 할 터이고, 거의 틀림없이 미국은 그들의 제안을 받아들일 것이다. 그때 과연 내 후임자가 미국의 압력을 견딜 수 있을까?"

그 심중한 물음에 그는 고개를 저었을 것이다. 그리고 많은 사람들이 그의 답변에 동의했을 것이다. 당시 그의 후임으로 유력했던 신익희, 장면 및 조병옥은 미국의 뜻을 거스를 의사도 의지도 없었다.

아마도 그래서 하이퐁 철수의 비극이 막 펼쳐지던 1954년 여름에 이 대통령은 연임 제한 조항의 우회를 결심했을 것이다. 그는 자신의 선택을 '대의를 위해 소절에 얽매이지 않는 결정'이라고 여겼을 것이다.

이런 추론은 그의 오랜 친구 윌리엄 불리트(William Bullitt)가 남긴 글에 의해 떠받쳐진다. 소비에트 러시아 주재 미국 대사를 처음 지낸 불리트는 소비에트 러시아의 행태에 환멸을 느껴 철저한 반공주의자가 된 외교관으로 1953년 6월에 서울에 와서 이 대통령을 만났다. 당시 미국에선 '미국이 공산주의자들의 휴전 조건을 받아들인 것 때문에 이승만이 거의 공황상태(hysteria)가 되었다'는 얘기가 돌았다. 막상 만나보니, 이 대통령은 "차분하고, 기지가 넘치고, 현명하고, 결심이 서고, 양심에 거리낌이 없었다." 불리트는 그를 "자신의 임무를 자신이 이해하는 대로 감히 수행하는 사람"이라고 평했다.

3.15 정·부통령 선거 부정

이 대통령이 장기 집권을 꾀하면서, 그의 둘레엔 뛰어난 추종

멱살 잡힌 국회 부의장
1954년 11월 29일 최순주 국회부의장이 제2차 개헌안 가결을 선언하자 이철승 의원이 최 부의장 멱살을 잡고 항의하는 모습.

자들이 크게 줄어들었다. 그런 상황에서 그가 고른 후계자는 그의 비서 출신인 이기붕李起鵬이었다. 이 선택은 연임 결정의 문제점들을 키웠다. 이기붕은 큰 흠이 없고 능력도 상당했지만, 정치 지도자로선 자질과 경험이 부족했다. 무엇보다도, 이름이 알려지지 않아서, 당선 가능성이 낮았다.

1956년 5월 15일의 선거에서 자유당은 이승만과 이기붕을 정·부통령 후보로 공천했다. 민주당은 신익희와 장면을 공천했다.

신익희가 선거 열흘 전에 급사하면서, 대통령 선거는 이승만과 조봉암 사이의 대결이 되었는데, 이승만이 70퍼센트를 얻었고 조봉암이 30퍼센트를 얻었다. 부통령 선거에선 장면이 46퍼센트

이승만 운구 행렬에 몰린 추모 인파

1965년 7월 27일 서울 중구 정동교회에서 거행된 영결식이 끝나고 국립묘지로 향하는 이승만의 운구 행렬. 시청 앞 광장에 추모 인파가 가득 찼다.

를 얻었고, 이기붕은 44퍼센트를 얻었다.

선거 당시 이 대통령은 이미 81세였다. 그리고 노쇠의 기미를 보였다. 자연히, 사람들은 그보다 '미래 권력'인 이기붕 둘레로 모였다. 그가 이 대통령의 수석 비서였으므로, 이 대통령의 측근들도 그가 장악하게 되었다. 게다가 이기붕의 아내 박마리아는 프란체스카 여사의 수석 비서 역할을 오래 했다. 이런 사정은 이 대통령 내외에게 올라가는 정보를 이기붕 내외가 통제할 수 있도록 만들었다.

1960년 3월 15일의 선거를 앞두고, 승산이 작다고 판단한 이기붕과 그의 지지자들은 선거 부정을 획책했다. 1960년 2월 15일 민주당 대통령 후보 조병옥이 병사하면서, 이승만 후보는 자동적으로 당선되었다. 그러나 자유당은 이기붕이 부통령에 당선되어야 권력을 유지할 수 있었으므로, 선거 부정을 강행했다.

선거 부정이 워낙 노골적이었으므로, 민주당은 투표 참관을 포기하고 3.15선거는 "선거의 이름 아래 이루어진 국민 주권에 대한 강도 행위"라는 성명을 발표했다. 이런 발표에 촉발되어, 투표일 저녁에 마산에서 부정 선거에 항의하는 시위가 일었다. 시위는 전국으로 퍼져서, 4월 19일엔 서울에서 대규모 시위가 일어났고, 경무대 앞에서 경찰의 발포로 학생 100여 명이 죽었다.

이 대통령은 4월 26일에 하야를 선언했다. 그리고 허정許政을 수석 각료인 외무부장관에 임명해서 새 내각을 이끌도록 한 뒤, 4월 28일에 경무대를 나왔다. 그 괴로운 과정에서 그는 끝내 입밖에 내지 않았다. "나로선 부정선거를 할 이유가 없었다"라는 한 마디를. 긴 미몽迷夢에서 깨어나 맑은 정신이 든 것이었다.

하와이에서의 말년

이화장에서 기거한 지 한 달인 1960년 5월 24일, 이승만 내외는 하와이의 최백렬崔栢烈 한인동지회장으로부터 초청 전보를 받았다. 모든 비용을 부담할 터이니, 하와이에서 한동안 휴양하라는 얘기였다. 허정 내각 수반의 주선으로 5월 29일에 그들은 김포 공항을 떠나 하와이로 향했다.

이튿날 신문들은 이승만이 '망명'했다고 보도했다. 이어 재무부차관이 그가 재임시에 1천 7백만 달러의 국고금을 유용했다고 발표했다. 한 신문은 프란체스카 여사가 막대한 금액을 미국과 스위스의 은행에 예금했다고 보도하면서, 이승만 부부는 그 이자만으로도 여생을 편히 지내리라고 덧붙였다.

정부가 귀국을 막아 하와이 체류가 길어지자, 주위 사람들은 이승만에게 다른 이유로 늦어진다고 둘러댔다. 이승만 부부는 옛 친구들과 제자들이 마련한 거처로 옮겼다. 길어야 3주 머물다 갈 생각이었으므로, 노부부는 가져온 것이 없었다. 그를 따르는 사람들이 많이 도와주었지만, 귀국이 마냥 지연되자, 점점 어려워질 수밖에 없었다.

대한민국 정부가 귀국을 막는다는 것을 깨닫자, 이승만은 절망했고 그의 건강은 빠르게 나빠졌다. 그는 1965년 7월 19일에 하와이에서 운명했다. 프란체스카 여사는 장례 뒤에 혼절해서 치료를 받느라, 남편의 관이 서울로 떠난 뒤 하와이에 혼자 남았

병상 지키는 프란체스카 여사

1962년 하와이에서 병상의 이승만 곁을 지키고 있는 프란체스카. 1960년 4월 하야한 이승만은 같은 해 5월 하와이로 간 뒤 고국에 돌아오지 못하고 1965년 7월 19일 하와이에서 눈을 감았다.

다. 한국에선 생계를 꾸릴 길이 없었으므로, 그녀는 오스트리아의 친정으로 돌아갔다. 그리고 상황이 안정된 1970년에야 이화장으로 돌아왔다.

그녀는 양아들 내외에게 먼저 틀니를 하겠다고 말했다. 속옷 안쪽에 주머니를 달아 그 속에 3천 달러를 넣어왔다면서, 치료비 걱정은 하지 않아도 된다고 덧붙였다.

며느리가 물었다. "어머님, 왜 기술이 더 좋은 오스트리아에서 틀니를 하시지 않으셨어요?"

프란체스카 여사가 정색하고 대답했다. "너희 아버님이 독립운동 하실 때는 1달러도 아끼셨는데, 어떻게 몇천 달러를 외국에서 쓰니?"

아들과 며느리는 3천 달러가 들었던 그 속옷 주머니를 '어머님 스위스 비밀은행'이라 불렀다.

제16장 이승만의 후계자

송진우가 암살된 두 해 뒤 김구는 한국민주당의 실직적 지도자 장덕수를 암살했다. 장덕수가 이승만과 한민당을 연결하는 고리였으므로, 장덕수의 죽음은 이승만에겐 큰 불행이었다. 장덕수가 살았다면, 이 대통령이 이기붕을 후계자로 삼는 일은 없었을 것이다.

제16장

이승만의 후계자

식민지 시대의 조선 사람들에게 이승만은 전설적 지도자였다. 상해 임시정부 초대 대통령이었다는 경력과 미국에서 수행한 성공적 독립운동은 그의 명성을 한껏 높였다. 그래서 해방 뒤에 나온 모든 정당들이 그를 지도자로 받들었다. 박헌영이 주도한 '조선인민공화국'도 주석에 아직 귀국하지도 않은 이승만을 올렸다. 덕분에 이승만은 가장 큰 추종 세력을 이끌면서 해방 뒤의 정국을 주도했다.

잠재적 후계자들

사정이 그러했으므로, 당시 남한 정계의 관심은 이승만의 후계자 자리로 쏠렸다. 그러나 새로 세워질 국가나 정부의 모습에 대한 예측이나 합의가 없는 터라, 뚜렷한 후계자가 나오기 어려웠다.

명망으로 따지면, 어려운 시절에 임시정부를 이끈 김구가 이승만의 후계자로 가장 유력했다. 그러나 그의 집권엔 두 가지 난제가 있었다. 하나는 나이였다. 그는 이승만보다 한 살 아래였고 이미 69세였다. 그로선 이승만 다음에 집권한다는 각본을 따를 수 없었다. 다른 하나는 해외파 임정요인들이 국내에 뿌리가 없었다는 사정이었다. 김구를 지지하는 우익 세력은 이미 국내파 민족지도자들의 정당인 한국민주당이 장악한 터였다.

마침 모스크바 삼국외상회의가 한반도를 신탁통치 아래 둔다고 결정해서, 반탁운동이 거세게 일었다. 김구는 반탁운동을 통해서 임시정부가 미군정청으로부터 권력을 단숨에 빼앗는 방안을 생각해냈다. 1945년 12월 31일에 서울에 뿌려진 임시정부의 포고문은 '현재 전국 행정청 소속의 경찰기구 및 한인 직원은 전부 본 임시정부 지휘하에 예속케 함;이라고 선언했다. 실제로 많은 군정청 직원들이 포고문을 따라 임시정부에 충성을 서약했다.

이런 움직임은 당연히 미군정청의 강경한 대응을 불렀다. 주한미군 사령관 하지 중장은 김구를 불러 '임정 요인들은 개인 자격으로 들어온다고 서약하고서 약속을 어겼다'고 질책했다. 그리고 그들을 인천의 수용소에 수감한 뒤 중국으로 추방하겠다고 선언했다. 미군정청의 이런 반응에 김구는 물러설 수밖에 없었다. 이 실책으로 김구는 남한에서 움직일 정치적 공간을 많이 잃었다. 공산주의자들의 행태에 대해 잘 아는 그가 성공할 수 없는 '남북협상'에 매달린 것은 이런 사정에서 연유했다.

이승만, 김구와 함께 해외파 우익 지도자로 꼽힌 김규식은 이승만보다 여섯 살 아래였다. 그는 재능이 이승만에 버금갔지만, 행적이 어지러웠다. 1923년에 이르쿠츠크파 공산당이 상해 임시정부를 해체하고 새로 정부를 세우자고 나섰을 때, 김규식은 그들의 명목상 지도자로 추대되었다. 그들은 블라디보스토크로 갔다가, 쓸모가 없다고 판단한 소비에트 러시아 정부에 의해 쫓겨났다. 그런 경력 때문에, 그는 임시정부의 주류가 세운 한국독립당에선 추종자가 없었다.

'좌우합작'을 추진하면서, 하지는 김규식과 여운형을 발탁했다. 그러나 두 사람은 추종 세력이 약해서, 좌우합작은 성공하기 어려웠다. 하지가 이승만을 밀어내는 데 실패하자, 좌우합작은 막을 내렸고 김규식의 정치적 꿈도 스러졌다.

국내파 지도자들 가운데 가장 두드러진 인물은 송진우宋鎭禹였다. 1930년대에 동아일보 사장으로 활약하면서, 그는 이광수와 함께 단군, 세종, 이순신의 삼성三聖을 기리는 사업을 활발하게 추진했다. 그 사업의 일환으로 이광수의 전기 소설 〈이순신〉이 동아일보에 연재되었다. 이어 그는 농촌 지역에서 '글 장님 없애기 운동'을 벌여 한글을 보급했다. 압제적인 일본의 통치 아래서 이런 민족적 사업들을 벌인 것은 송진우의 인품과 경륜을 잘 보여준다. 그는 뜻이 굳으면서도 현실적 제약을 늘 인식하고 가능한 목표들을 추구했다.

1945년 12월 29일 임시정부는 김구 주석 주재로 신탁통치 반대 대책을 논의했다. 이어진 확대 회의에서 "우리 임시정부에 즉시 주권 행사를 간망懇望할 것"이라는 결의가 통과되었다. 그런 결의는 미군정의 권위에 대한 정면 도전이었다. 송진우는 그런 결의가 품은 중대한 문제점들을 지적하면서 보다 신중하게 접근할 것을 주장했다. 놀랍지 않게도, 그는 비난과 오해를 받았다.

이 회의를 마치고 자정 지나 집에 돌아온 송진우는 이른 아침에 한국독립당이 보낸 자객에 의해 살해되었다. 김구는 자신의 목적을 이루는 데 송진우가 가장 큰 걸림돌이 된다고 판단한 것이었다. 송진우는 국내파 지도자들의 중심 인물이었고 미군정의 신임을 받고 있었다. 아울러, 그는 한국민주당의 지도자였다. 우익인 한국독립당과 한국민주당은 지지 기반이 겹쳤으므로, 국내 기반이 없는 한국독립당이 뿌리를 내리려면 한국민주당을 밀어내야 했다.

원래 송진우는 국내 민족 지도자들 가운데 임시정부를 가장 높이 받든 사람이었다. 1945년 8월 중순 러시아군이 북한에 진주하자, 조선총독부는 조선에 있는 일본인들의 안전을 확보하는 일에 마음을 썼다. 그래서 일본 정부가 공식적으로 항복하기로 결정하면, 감옥에 갇힌 조선인 정치범들과 경제범들을 석방하고 조선인 조직이 치안을 맡도록 하는 방안을 추진했다. 그런 조선인 조직을 이끌 지도자로는 송진우, 여운형 및 안재홍安在鴻이 물망에 올랐다. 총독부는 송진우를 가장 적합한 인물로 여겨 먼저 그와 접촉했다.

총독부 정무총감 엔도 류사쿠遠藤柳作의 밀사들은 송진우에게 사정을 설명하고 권력을 충분히 위양 받을 조선인 행정 조직을 만들라고 권유했다. 그러나 두 차례의 권유에도 불구하고, 송진우는 밀사들의 제의를 거절했다. 그는 임시정부에 대한 기대가 커서, 김구와 이승만이 돌아와서 집권하는 것이 순리라 여겼다. 그런 그가 임시정부 세력에 의해 제거된 것은 쓰디쓴 반어反語였다.

송진우가 암살되었다는 소식을 들었을 때, 이승만은 심한 몸살을 앓고 있었다. 그 비보에 경악한 그는 자리에서 일어나 슬픔과 걱정을 만시輓詩를 지으면서 달랬다.

義人自古席終稀
一死尋常視若歸
擧國悲傷妻子哭
臘天憂里雪霏霏

의인은 예부터 자리에 누워 죽는 일이 드물고
한번 죽음을 심상히 여겨 집으로 돌아가듯 한다
온 나라 슬픔에 젖고 처자는 소리 내어 우는데
섣달 하늘 망우리에 눈만 푸슬푸슬 내린다

두 해 뒤 김구는 한국민주당의 실질적 지도자 장덕수張德秀를 암살했다. 장덕수가 이승만의 충실한 추종자로서 이승만과 한국민주당을 연결하는 고리였으므로, 장덕수의 죽음은 이승만에겐 큰 불행이었다. 장덕수가 살았다면, 이 대통령이 이기붕을 후계자로 삼는 일은 없었을 것이다.

거듭된 암살은 김구를 막다른 골목으로 몰아넣었다. 송진우의 암살은 미군정청이 제대로 수사할 능력이 없었다. 장덕수의 암살은 미군정청 검찰이 제대로 수사했고, 김구는 법정에 불려 나가 피의자로 심문을 받았다. 이 일로 김구의 입지는 더욱 좁아졌다.

송진우와 장덕수가 갑자기 죽고 김성수金性洙 마저 병사하자, 한국민주당은 내세울 인물이 없었다. 그래서 추종자들이 적었던 신익희가 야당 대통령 후보가 되었다. 그러나 그는 선거 유세중에 서거했다. 다음 대통령 선거에선 조병옥이 야당 후보로 나섰지만, 신익희처럼 선거일 직전에 병사했다.

4월 혁명으로 이승만 정권이 무너지자, 내각책임제로 바뀌고

박정희가 보낸 꽃바구니 받은 이승만
1961년 11월 박정희 당시 국가재건최고회의 의장이 보낸 꽃바구니를 전달받고 있는 이승만. 그 오른쪽은 박 의장의 의전비서관 조상호.

민주당의 장면이 국무총리가 되었다. 그러나 혁명을 겪은 터라, 사회는 응집력이 약해졌고 집단적 시위들이 잇달았다. 집권한 민주당까지 신파와 구파로 분열되어, 서로 치열하게 싸웠다. 이런 상황에 허약한 장면 정권은 제대로 대응하지 못했다.

마침내 1961년 5월에 5.16군부정변이 일어났다. 미국은 장면을 다른 지도자들보다 선호했으므로, 주한미군 사령관 카터 머그루더(Carter Magruder) 대장은 박정희 소장이 이끈 반란군을 진압하려 했다. 그러나 그는 장면 총리를 찾을 수 없었다. 장 총리는 수녀원에 숨어서 꼼짝하지 않고 있었던 것이었다. 그래서 소수 병력이 가담한 5.16군부정변이 성공했다.

장면 정권은 9개월 동안 존속했다. 그 짧은 기간에 세 차례나 개각했다는 사실이 가리키듯, 내각이 안정되지 못했고 뚜렷한 정책들을 추진하지 못했다. 반면에, 군부정변으로 들어선 박정희 정권은 18년 동안 존속하면서 경이적인 경제 발전을 이루었다. 따라서 이승만의 실질적 후계자는 박정희였다.

후계자로서의 박정희

1961년에 군부정변으로 권력을 잡았을 때, 박정희 소장은 나라를 다스릴 준비가 되어 있지 않았다. 집권 세력이 발표한 '혁명 공약'은 반공과 친미를 내세웠는데, 그것은 남로당원이었던 박정희의 전력을 고려한 조치에 지나지 않았다. 구체적 정책은 없었다.

이력이 가리키듯, 박 대통령은 시장경제에 대해 비판적이었다. '국가재건최고회의'가 먼저 처리한 경제 법령이 '부정축재처리법'이었다는 사실에서 그 점이 확인된다. 이 점에서, 그는 시장경제를 확신한 이 대통령과 달랐다.

그러나 지도자로 나라를 이끌면서, 그는 시장경제의 원리를 배우고 받아들였다. 특히 경제에서 차지하는 기업의 중요성을 인식하고, 기업가들과의 협력을 통해 경제를 발전시키는 전략을 따랐다. 그리고 수출을 통한 경제 성장을 추구하는 정책으로 큰 성공을 거두었다.

이런 경제 정책은 이 대통령이 성공적으로 추구한 경제 정책을 충실히 본 땄다. 그의 경제 정책의 상징이 된 경제개발 5개년 계획들도 이 대통령이 마련한 경제개발 3개년 계획에 바탕을 두었다.

박 대통령의 통치 아래 대한민국이 '한강의 기적'이라 불릴 만큼 성공적인 경제 발전을 이루자, 그런 성취의 바탕을 놓은 이 대통령의 업적도 따라서 위대해졌다. 그런 뜻에서 박 대통령은 이 대통령의 진정한 후계자였다.

이런 관점에서 살필 때 먼저 눈에 들어오는 박 대통령의 성취는 일본과의 수교다. 그것은 무척 어려운 일이었을 뿐 아니라 한국의 안전과 경제 발전에 긴요한 요소였다. 자유민주주의라는 지고한 가치를 공유한 두 나라가 정치적으로 협력하고 경제적으로 보완함으로써, 두 나라는 동아시아의 안정과 평화에 크게 기여했다.

이승만 서거 후 프란체스카 여사 만난 박정희
이승만 서거 후 한국으로 돌아온 프란체스카 여사를 만나 이야기를 나누고 있는 박정희 대통령. 박정희의 경제정책인 '경제개발 5개년 계획'은 이승만이 추진한 '경제개발 3개년 계획'에 바탕을 두었다. 그런 측면에서 이승만의 실질적 후계자는 박정희였다.

다른 중요한 일들과 마찬가지로, 한일 수교 협상도 이승만 대통령이 먼저 시작해서 바탕을 마련했다. 1951년에 연합국과 일본 사이에 체결된 '평화조약' [흔히 샌프란시스코 조약이라 불림]에 한국도 참여하기를 희망했다. 그러나 한국은 '일본 제국의 영토 분할'로 생긴 국가라는 판정을 받았다. 그러자 이 대통령은 일본과 직접 대화하겠다는 뜻을 미국에 밝혔다. 그래서 1951년 10월에 도쿄에서 첫 회담이 열렸다. 그러나 양측의 입장이 너무 달라서, 진전이 없었다.

어떤 뜻에선, 한국도 일본도 수교에 나설 태세가 되어 있지 않았다. 1952년 정초에 이 대통령은 홍진기 법무부 법무국장을 불렀다. 홍 국장은 한일회담 대표단의 일원이었는데 국제법에 밝아서 어려운 문제들의 협상을 맡았다. 이 대통령은 난제들의 전망에 관해 듣더니, 홍 국장의 나이를 물었다. 그리고 간곡하게 당부했다. "이 나라는 자네들의 나라야. 앞으로의 한일 관계 역시 자네들 젊은이가 설계하고 발전시켜 나갈 일이야." 그리고 자신과 같은 독립운동 세대가 이끄는 동안은 한일 관계가 정상화되기 어려우리라고 전망했다.

대표단이 일본으로 돌아가서 다시 회담을 시작했을 때, 이 대통령은 '평화선'을 선포했다. 국제적 분쟁을 일으킬 수밖에 없는 이런 조치는 오직 이 대통령만이 생각해내고 실행할 수 있었다. 일본 사회는 경악했고 한국의 조치를 거세게 비난했다. 당연히,

회담도 중단되었다. 그러나 '평화선'은 단기적으로는 일본 어선들의 남획으로부터 동해의 어류 자원을 지키고 장기적으로는 일본과의 협상에서 큰 패가 될 터였다.

박 대통령은 평화선을 협상의 패로 삼아 과감하고 끈질긴 외교로 일본의 호의적 반응을 이끌어냈다. 합의가 어려운 문제들을 우회하는 전술로 두 나라는 마침내 1965년에 '대한민국과 일본국 간의 기본관계에 관한 조약'을 맺는 데 성공했다. 이 대통령으로부터 간곡한 당부를 들은 '젊은이' 홍진기 국장은 1917년생으로 박 대통령과 동갑이었다. 이 대통령의 예언대로, 젊은 세대가 일본과의 관계를 정상화한 셈이다. 먼 앞날을 내다보고 미리 '평화선'이라는 결정적 패를 마련한 이 대통령의 심모원려深謀遠慮에 누가 찬탄하지 않으랴?

고귀한 선택

이 대통령과 박 대통령은 대조적이다. 한 분은 독립운동가로 일생의 대부분을 해외에서 보냈고, 다른 분은 일본 제국의 장교로 젊은 시절을 살았다. 한 분은 세계적 반공 지도자였고, 다른 분은 한때이나마 남로당 당원이었다. 다른 면들에서도 두 지도자는 서로 상당히 달랐다.

그러나 중요한 국익이 걸린 상황에선 자신의 개인적 이익을 선뜻 버렸다는 점에서 두 분은 같았다. 이 대통령의 경우, 얄타 협정의 비밀 협약 폭로, 남한 단독 정부 수립 주장, 휴전 반대와 같은 일들은 그런 고귀한 성품의 발로였다. 박 대통령은 한일 수교 과정에서 자신의 정치적 파멸을 부를 수 있는 길로 망설임 없이 접어들었다. 당시 거의 모든 국민들이 일본과의 수교에 반대했다. 특히 학생들은 극렬하게 반대했고 대규모 시위를 벌였다.

그때 필자는 대학 2학년이었다. 단과대학의 천명 가까이 되는 학생들과 교수들 가운데 일본과의 수교가 타당하며 학생들의 반대는 단견이라고 지적한 사람은 원로 사회학자인 학장 한 분뿐이었다. 물론 학생들은 그 분의 간곡한 호소를 듣지 않았다. 모두 나라를 구한다는 들뜬 마음으로 교문을 나섰다.

시위가 오래 이어지면서, 한일 수교 반대 운동은 차츰 정권 타도 운동으로 바뀌었고 야당 지도자들이 가세했다. 국민의 다수가 반대하는 터라서, 박 대통령은 정치적 위기를 맞았다. 실제로, 1964년 봄부터 이듬해 가을까지 이어진 수교 반대 운동은 휴교령과 비상계엄령을 불렀다. 그래도 박 대통령은 일본과의 수교를 포기하지 않았다.

이제 누구도 일본과의 좋은 관계가 한국의 안보와 경제의 바탕이라는 점을 부정하지 못한다. 지난 문재인 정권 아래 북한에 호의적인 세력이 '토착 왜구'라는 구호로 일본과의 관계를 해치려 시도했지만, 박 대통령의 고뇌에 찬 결단이 얼마나 고귀한 선택이었나 새삼 일깨워주었을 따름이다.

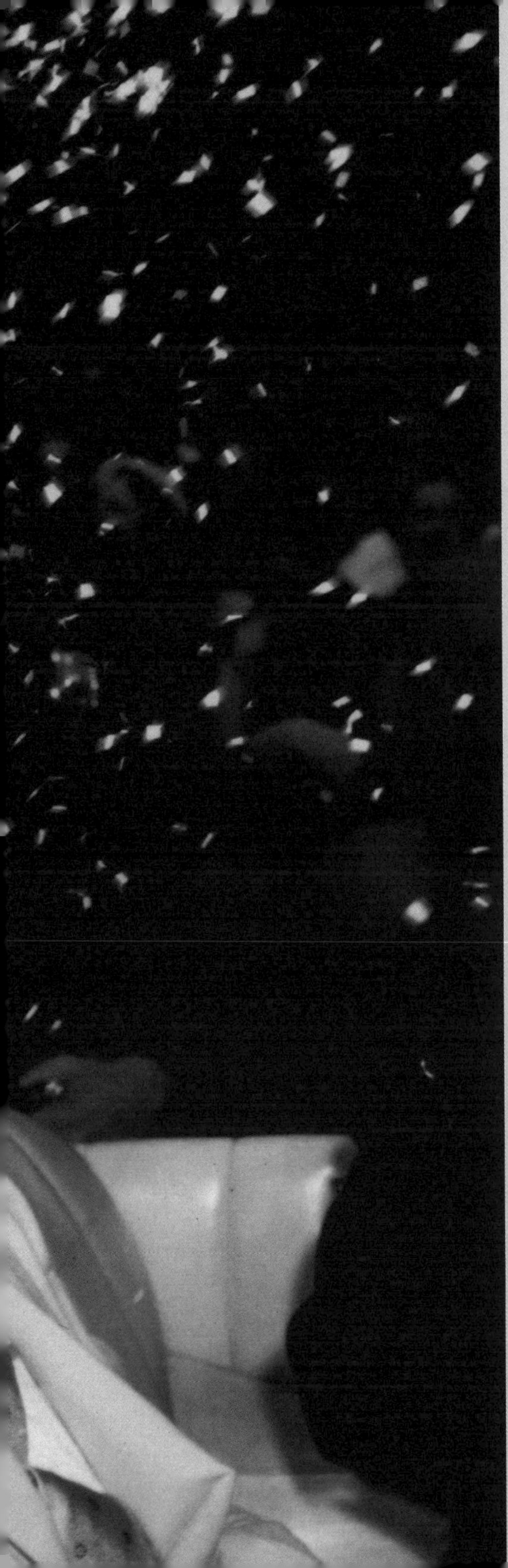

제17장

이승만의 삶이 들려주는 이야기들

'우리 모두 자유민주주의를 잘 아는데, 왜 굳이 이승만의 삶을 통해서 자유민주주의를 살펴야 하는가?' 이 자연스러운 물음에 대한 답변은, 자유민주주의가 자라온 과정을 살펴야, 앞날의 모습을 볼 수 있고 대비할 수 있다는 데에 있다. 궁극적으로 북한 동포들도 자유민주주의를 누리도록 하는 일에선 특히 그러하다는 점 때문이다.

제17장

이승만의 삶이 들려주는 이야기들

이승만 대통령이 정치 무대에서 내려온 지 어느덧 60년이 넘었다. 지금 우리 사회를 이끄는 사람들은 거의 다 그가 하야한 뒤 태어났다. 그런 상황에서 이승만의 삶은 우리에게 무슨 뜻을 지니는가?

우리가 역사를 공부하는 이유

이승만의 삶에 관한 이 물음은 "왜 우리는 역사를 공부하는가?"라는 물음을 부른다. 이 심중한 물음의 모범 답안은 아마도 "교훈을 얻기 위하여"일 것이다. "과거를 기억하지 못하는 사람들은 그것을 되풀이할 수밖에 없다"는 미국 철학자 조지 산타야나(George Santayana)의 얘기는 이런 견해를 대표한다.

그러나 방대한 역사에서 자신에게 절실한 교훈을 얻기는 쉽지 않다. 먼저 자신의 처지를 제대로 알아야, 적절한 교훈을 얻을 수 있다. 그래서 폴란드 역사철학자 레쉐크 콜라코프스키(Leszek Kolakowski)는 지적했다. "우리는 처신이나 성공의 방법을 알기 위해서가 아니라 우리가 누구인지 알기 위해서 역사를 배운다." 역사에서 배우는 근본적 지식은 자신의 정체성이라는 얘기다.

이런 견해는 폴란드처럼 거대한 나라들에 끼인 작은 나라에서 태어난 사람만이 지닐 터이다. 10세기에 유럽 역사에 등장한 폴란드는 늘 큰 나라들 사이에 끼여 부대낀 작은 나라였다. 따라서 하나의 나라로 생존하려면, 폴란드 사람들은 자신의 정체성을 깊이 인식하는 것이 긴요했다. 자신의 정체성을 잃으면, 폴란드는 강대한 이웃에 흡수되어 사라질 터였다.

이것은 우리 얘기이기도 하다. 작은 민족이 강대한 세력들의 압박을 견디며 생존할 수 있었던 것은 우리 선조들이 자신들의 정체성을 잃지 않은 덕분이다.

국가나 민족의 정체성은 끊임없이 진화한다. 문명의 안정기엔 느리게, 문명이 흔들리면, 급격하게. 19세기 중엽에 서양 문명이 밀려오면서, 우리의 정체성은 본질적으로 바뀌었다. 과학혁명과 산업혁명을 치른 서양 문명이 워낙 우세했으므로, 우리의 전통적 문명은 빠르게 서양 문명으로 대치되었다. 이제 고대 그리스와 로마에서 발원한 전통들이 우리의 삶을 규정한다. 몇 백년 전 조선조의 우리 조상들은 우리를 몰라볼 것이다.

이승만은 개항 바로 전 해인 1875년에 태어나서 젊을 때부터 조선 역사의 중요한 현장들에 있었고 나이 들어선 나라를 이끌었다. 자연히, 그의 삶을 따라가면서 그의 눈에 들어온 사건들을 살피면, 우리는 우리 사회에 근본적 영향을 미친 힘들과 사건들을 어렵지 않게 판별할 수 있다. 즉 그의 삶은 우리가 역사를 살펴 자신의 정체성을 확인하는 창이 될 수 있다.

전체주의의 위협

이승만의 마음에서 늘 앞자리를 차지한 것은 러시아의 위협이었다. 그는 제정 러시아와 소비에트 러시아를 실제로 경험하고 러시아의 실체를 깨달은 지도자였다. 그런 경험은 그가 러시아가 제기하는 위협에 늘 민감하도록 만들었다. 한반도가 해방되고 대한민국이 세워지던 1940대에 활약한 세계 지도자들 가운데 그런 경험과 인식을 가진 사람은 드물었다.

러시아의 기원은 13세기부터 융성하기 시작한 모스크바 대공국이었다. 둘레의 다른 공국들과 마찬가지로, 모스크바 대공국은 몽골 제국의 일부인 킵착한국의 지배를 받았다. 러시아의 공국들은 공(prince)이 다스리는 사회들로 백성들의 기본적 권리가 보장되지 않은 체제였다.

몽골 제국이 약해지자, 모스크바 대공국은 점차 흥기해서 러시아의 맹주가 되었고 끝내 유라시아의 제국으로 발전했다. 그러나 안으로 압제적이고 밖으로 팽창적인 성격은 바뀌지 않았다.

1896년에 고종이 러시아 공사관으로 피신한 아관파천俄館播遷 이후 조선에 대한 러시아의 영향력은 빠르게 커졌다. 러시아는 그런 영향력을 갖가지 이권들을 얻는 데에만 썼고 조선에서 막 시작된 개혁엔 비우호적 태도를 드러냈다. 이런 경험을 통해서, 이승만은 안으로는 압제적이고 밖으로는 탐욕스러운 러시아의 전통을 깊이 인식하게 되었다.

그때부터 한 세대 넘게 지난 1933년에 이승만은 협력적 관계를 맺으려고 소비에트 러시아를 찾았다. 국적이 없었으므로, 그는 중국 대사관의 도움을 얻어 천신만고 끝에 모스크바에 닿았다. 그러나 러시아 외무인민위원회는, 약속과 달리, 접견을 거부했다. 당시 러시아는 만주의 동청철도東清鐵道를 중국에 돌려주지 않고 일본에 매각하려 했는데, 그 일로 일본 협상단이 모스크바에 머물고 있었다. 일본의 비위를 맞추느라, 러시아는 이승만을 추방한 것이었다. 이 씁쓸한 경험으로 이승만은 공산주의의 본질을 깊이 살피게 되었다.

몇 해 뒤 기괴하고 음산한 '모스크바 재판'이 열렸다. 스탈린

뉴욕서 '영웅 행진' 카퍼레이드

미국을 공식 방문한 이승만이 1954년 8월 2일 뉴욕시가 마련한 '영웅 행진' 카퍼레이드에서 뉴욕시민들에게 손을 흔들고 있다. 한국 근현대사의 중요한 현장마다 함께했던 이승만은 전체주의의 위협을 경계하며 자유민주주의가 자리 잡을 수 있도록 힘썼다.

은 정적들을 숙청했을 뿐 아니라 고문과 위협으로 그들의 의지를 꺾어서 스스로 죄를 인정하는 '연출된 재판들'을 세계에 선보였다. 이 재판들은 헝가리 작가 아르투르 케스틀러(Arthur Koestler)의 위대한 정치 소설 『일식』에 생생하게 형상화되었다. [영어 제목은 『백주의 암흑(Darkness at Noon)』이다.]

이런 일들을 겪으면서, 이승만은 현대 러시아가 제정 러시아의 중세적 체제에 소비에트 러시아의 전체주의 체제가 덧씌워진 사회임을 통찰했다. 이런 통찰이 그의 큰 업적들 가운데 아마도 으뜸일 '얄타 협정의 비밀 협약' 폭로를 가능하게 했다. 우연히 입수한 문서 하나로 그는 스탈린이 얄타 회담에서 꾸민 음모를 꿰뚫어 본 것이었다. 덕분에 한반도는 조선 사람들의 의사와 관계없이 통째로 소비에트 러시아에 병합되는 운명에서 벗어났다.

러시아의 본질에 관한 이승만의 통찰을 미국 지도자들은 1940년대 중엽에야 비로소 얻었다. 제2차 세계대전이 끝나가자, 러시아는 갑자기 서방에 적대적 태도를 보였다. 당혹한 미국 국무부는 러시아 주재 부대사 조지 케넌(George Kennan)에게 이런 변화에 대해 보고하라고 지시했다. 1946년 2월에 워싱턴에 보낸 '긴 전보(Long Telegram)'에서, 케넌은 러시아의 비타협적 팽창주의는 모스크바 대공국 시기부터 이어진 전통에 바탕을 두었고 공산주의에 의해 더욱 강화되었다고 분석했다.

이승만과 케넌의 견해는 근년의 러시아 역사의 지지를 받는다. 1990년대 초엽에 소비에트 러시아는 스스로 무너졌다. 그 잔해에서 여러 공화국들이 독립했는데, 주된 상속자는 러시아 공화국이었다. 이들 공화국들은 모두 소비에트 러시아의 명령경제를 버리고 시장경제를 택했다. 그렇게 소비에트 체제가 벗겨졌어도, 러시아는 여전히 안으로는 압제적이고 밖으로는 팽창적이다. 러시아의 가장 근본적 지층인 제정 러시아의 중세적 전통이 그대로 이어지기 때문이라는 진단이 나온다.

10년 전에 러시아의 크리미아 침공으로 시작되어 아직 이어지는 우크라이나 전쟁이 그 사실을 일깨워준다. 1994년에 미국, 러시아, 영국, 우크라이나 네 나라는 부다페스트 각서(Budapest Memorandum)에 합의했다. 우크라이나는 자신이 보유한 방대한 핵무기를 모두 러시아에 넘기고, 다른 세 나라는 우크라이나의 안전을 보장하고 경제 원조를 한다는 내용이었다. 그 뒤에 벌어진 일들은 러시아와의 평화적 공존이 얼마나 어려운가를 보여주었다.

이제 러시아는 쇠퇴하는 나라가 되었다. 대신 소비에트 러시아의 전성기에 스탈린(Stalin)이 세운 위성 국가들인 북한과 중국이 세계의 자유주의 질서를 위협한다. 이런 상황에서 우리는 자연스럽게 묻게 된다. "이승만의 삶은 지금 대한민국 국민들에게 무슨 교훈을 주는가? 무엇보다도, 대한민국의 정체성에 대해서 무슨 얘기를 들려주는가?”

대한민국의 핵심적 특질을 대한민국을 위협하는 국가들의 그것과 비교하면, 대한민국의 정체성은 뚜렷해진다. 소비에트 러시아의 후예인 러시아, 북한, 중국의 세 나라와 대한민국을 근본적으로 구별하는 특질은 인류 역사가 지향하는 자유민주주의 질서다. 우리는 1945년에 미군정이 실시되면서 자유민주주의 체제에서 살기 시작했고 1948년 이후엔 스스로 자유민주주의 질서를 꾸려왔다.

반면에, 러시아, 북한 및 중국의 시민들은 자유민주주의를 전혀 경험하지 못했다. 그 사실이 그들의 정체성을 규정한다. 위에서 살핀 것처럼, 러시아의 경험은 특히 교훈적이다. 설령 북한과 중국에서 전체주의 체제가 무너지더라도, 그 아래에 자리잡은 중세적 전통은 자유민주주의 체제의 정착을 어렵게 하고 팽창적 태도를 지니도록 만들 것이다.

따라서 우리는 우리 정체성의 핵심인 자유민주주의를 외부의 지속적 위협으로부터 지켜야 한다. 콜라코프스키의 말대로, 그것이 우리가 역사에서 배우는 진정한 교훈이다.

이승만의 삶에서 배우는 교훈들

여기서 물음이 나온다. “우리 모두 자유민주주의를 잘 아는데,

왜 굳이 이승만의 삶을 통해서 자유민주주의를 살펴야 하는가?" 이 자연스러운 물음에 대한 답변은 우리 사회의 자유민주주의는 독특한 역사를 지녔고 그 역사의 관성에 따라 진화하리라는 사정이다. 따라서 우리 사회에서 자유민주주의가 자라온 과정을 살펴야, 앞날의 모습을 볼 수 있고 대비할 수 있다. 우리의 궁극적 과제인 북한 동포들도 자유민주주의를 누리도록 하는 일에선 특히 그러하다.

6.25전쟁에서 나온 감격적 장면들 가운데 하나는 1950년 10월에 이 대통령이 평양을 찾아 시민들에게 연설한 일이다. 그때 그는 북한을 찾기 위해 미군의 동의를 받아야 했다. 먼저 38선을 돌파한 군대가 한국군이고 북한군과 치열하게 싸워 평양에 먼저 입성한 부대도 한국군이었지만, 미국은 북한에 미군 군정을 펴겠다고 고집했다. 북한과 한국은 별개의 국가들이며, 국제연합군이 점령한 북한은 국제연합을 대표한 미군이 군정을 펴야 한다는 입장이었다. 그래서 미군 지휘관들은 한국 정부와 협의하지 않고 독자적으로 북한을 관장하는 민정장관을 임명했고 치안을 위해 한국 정부가 급히 파견한 경찰 병력이 평양에 접근하는 것을 막았다.

이런 역사적 사실은 앞으로 북한 동포들도 자유민주주의의 혜택을 받도록 하겠다는 우리의 간절한 희망이 만날 엄혹한 현실을 보여준다. 북한의 압제적 체제가 무너져도, 중국만이 아니라 국제연합이나 미국도 남한과 북한은 별개의 국가라는 태도를 보일 가능성이 높다.

또 하나의 사례는 한반도를 가로 지른 38선/휴전선과 대만 해협이 지정학적으로 긴밀하게 연결되었다는 사정이다. 1949년에 '국공내전'이 중화인민공화국의 승리로 끝나고 중화민국이 대만으로 밀려나면서, 동북아시아에선 대만해협에서 한반도의 38선/휴전선을 거쳐 사할린과 홋카이도 사이의 소야宗谷해협으로 이어지는 선을 경계로 북쪽엔 중국, 북한, 러시아의 전체주의 세력이 자리잡고 남쪽엔 중화민국, 한국, 일본의 자유주의 세력이 자리잡았다.

한국전쟁이 일어났을 때, 중화민국 장개석 총통은 군대를 파견해서 도와주겠다고 제안했다. 이 대통령은 고심 끝에 그 고마운 제안을 사양했다. 중화민국의 참전은 곧바로 중공군의 개입을 부를 터였다. 그처럼 조심스러운 접근에도 불구하고, 결국 중공군은 북한군을 구원하기 위해 참전했다.

이 일화는 대만 해협과 한반도의 38선/휴전선이 처음부터 연결되었음을 일깨워준다. 중국이 대만을 침공하기로 결정하면, 한반도는 다시 전쟁에 휩싸일 수밖에 없다. 대만 해협에서 전투가 벌어지기 전에 먼저 북한군의 침공이 시작될 가능성도 높다. 걱정스럽게도, 북한과 중국은 긴밀히 협력하지만, 한국과 대만은

뉴욕시가 마련한 '영웅 행진'

카퍼레이드에서 색종이가 흩날리는 가운데 이승만이 모자를 벗어
뉴욕 시민에게 인사하는 모습.

그런 협력이 없다.

실제 상황은 훨씬 심각하다. 대만 해협-휴전선-소야 해협으로 이어진 대치선의 북쪽 전체주의 세 나라는 모두 핵무기를 지녔다. 남쪽 자유주의 세 나라는 모두 핵무기가 없다. 지금 핵탄두 보유에서 러시아(5,889기), 중국 (410기), 북한(30기)의 합계는 미국(5,224기)보다 상당히 우세하다. 그리고 중국은 핵무기를 빠르게 늘리고 있다.

사정이 그렇게 다급한데도, 미국은 여전히 한국의 핵무기 개발을 막는다. 북한군이 많은 전차들을 보유한 것을 알면서도 한국군에 대전차 무기조차 제공하지 않고 주한 미군이 철수한 1949년의 상황과 아주 흡사하다. 1952년에 휴전에 반대하면서, 이 대통령은 '지금 휴전하면, 지쳐서 먼저 휴전 제의를 한 공산군이 기운을 차려서 다시 공격해올 기회를 준다'고 지적했다. 그가 지적한 상황이 그대로 나온 것이다.

이처럼 우리가 앞날에 맞을 상황을 예상하고 대책을 마련하는 일에서, 이승만의 삶은, 특히 대세를 거스르면서 그가 외롭게 외친 진실들은, 소중한 교훈들을 우리에게 들려준다. 실은 그의 삶 말고는 달리 얻을 수 없는 교훈들도 많다. 바로 거기에 있다. 우리가 이승만을 '건국 대통령'으로 기리는 일을 넘어 그의 삶을 역사를 보는 창으로 삼아야 할 절실한 이유가.

독자들께 드리는 말씀

그동안 졸고를 읽어 주신 독자들께 깊은 감사의 말씀을 드립니다. '이승만 오디세이'를 통해 이승만을 보다 잘 알게 되었다는 얘기를 들을 때마다, 마음이 흐뭇했습니다.

이승만을 미화했다는 평가도 들었습니다. 틀린 얘기는 아닙니다. 위대한 인물의 경우, 실책이나 허물도 궁극적으로는 중요한 업적을 이룬 요소들이 됩니다. 게다가 우리 사회에서 이승만이 너무 낮은 평가를 받았다는 사정 때문에, 그의 인품과 업적에 대한 객관적 평가도 찬사로 느껴질 터입니다.

졸작 『물로 씌어진 이름』이 나온 뒤, '왜 그렇게 이승만에 매달렸는가?"라는 물음도 자주 들었습니다. 길 수밖에 없는 답변을 줄이면, "쓸 수 있었기 때문에 썼습니다."

이승만은 우리 문단에선 '고압선'입니다. 만지면, 어려운 처지가 됩니다. 그래서 이름이 알려진 작가들은 이승만을 다루지 않습니다. 모두 이순신이나 안중근이나 남로당처럼 안전한 주제들을 다룹니다.

거의 스무 해 전에 남한 작가들이 단체로 북한에 가서 북한 작가들과 어울렸습니다. 그들은 북한 사람들이 짜 놓은 각본대로 움직이면서 북한의 선전대로 하면 당장 평화 통일이 될 것처럼 행동했습니다.

그래서 제가 한마디 했습니다. "북한에 무슨 작가가 있나? 선전선동 요원들뿐이지. 만일 북한에 진정한 작가가 있다면, 그는 아오지 탄광이나 요덕 수용소에 있을 것이다." 그 뒤로 저는 문단의 아웃사이더가 되었습니다. 친했던 문인들과도 서먹해졌습니다. 덕분에 저는 문단의 기류에 마음 안 쓰고 이승만을 주인공으로 삼은 작품을 썼습니다.

짧은 글로 이승만의 업적을 살피다 보니, 중세 사회에서 태어나 현대 사회에 자연스럽게 적응한 그의 신비스러운 면모를 제대로 드러내지 못했다는 아쉬움이 남습니다. 졸고가 계기가 되어 독자들께서 보다 충실한 글들을 찾아 나선다면, 저로선 보람이겠습니다.

부록 1

프란체스카 도너 리

[이 부록은 프란체스카 여사의 삶을 주제로 삼은 졸작 희곡 〈프란체스카? 우연히 오스트리아에서 태어난 한국 여인〉의 후기에서 뽑아 다듬은 글이다.]

우리로선 프란체스카 여사를 독립된 존재로 바라보기가 무척 어렵다. 우남雩南 의 광채가 하도 눈부셔서, 늘 그의 곁에 선 그녀를 익숙한 풍경의 한 부분으로 인식하게 된다. 어쩌다 그녀에 주목하더라도, 우남이라는 태양의 빛을 받아야 비로소 모습이 드러나는 달로 여긴다.

그러나 한번 우남의 삶에서 그녀가 차지하는 몫이 크다는 것을 깨달아 찬찬히 들여다보면, 그녀는 스스로 빛을 내기 시작하고 마침내 그녀가 우남과 한 몸을 이루어서 부부를 따로 분리할 수 없다는 사실을 발견하게 된다. 우남과 프란체스카 도너 리 여사는 하나의 중력 중심을 도는 이중성(binary star)이다.

부부는 더할 나위 없이 복잡하고 미묘한 체계다. 남남인 두 사람이 자신들의 유전자를 반씩 물려받은 자식을 낳아 기르기 위해 협력하는 사이다. 끊임없이 자신의 이익과 공동의 이익을 조절해야 하는 이인비영합경기(two-person non-zero-sum game)의 전형이다. 우리는 본능에 따라 흔히 무의식적으로 그런 경기를 늘 배우자와 벌인다. 우리가 자식을 통해서 영생을 지향하므로, 이 세상에 부부 사이처럼 냉정한 계산과 치열한 협상이 끊임없이 나오는 관계는 없다. 자연히, 두 배우자들의 계산이 크게 어긋나고 타협이 끝내 이루어지지 않아서 위기를 맞는 경우들도 흔하다.

사정이 그러하므로, 어느 부부든지 아내와 남편 사이의 역학은 묘사하기 힘들고 설명하기는 더욱 힘들다. 우리의 선입견과 달리, 우남과 프란체스카 여사 사이의 역학에서 늘 주도적이었던 쪽은 프란체스카 여사였다. 두 분의 조건이 그렇게 만들었다. 그런 사정을 인식하는 것이 두 분 사이의 관계를 정확하게 파악하고 프란체스카 여사에게 합당한 자리를 마련해주는 과정의 첫걸음이다.

두 분이 처음 만났을 때, 우남은 58세였고 프란체스카 여사는 33세였다. 25년이라는 나이 차는 무엇으로도 극복할 수 없는 장벽이다. 성적으로 해방된 지금도 58세의 남성이 30대 여성에게 눈길을 주면 둘레 사람들은 '점잖지 못하다'는 느낌이 든다. 하물며 수명이 훨씬 짧았던 당시에서랴.

인종적 장벽은 훨씬 더 높았다. 1930년대 서양의 인종적 편견과 차별은 지금은 상상하기 어려울 만큼 보편적이고 강고했다. 이민들의 사회라서 비교적 인종적 편견과 차별이 덜 했던 미국에서도 동양인들이 겪은 차별과 박해는 컸다. 독일 민족으로 이루어진 오스트리아에선 독일에서 발흥한 나치 세력의 영향을 받아 반유대주의가 부쩍 심해진 상태였다. 자연히, 인종적으로 아주 예민해져서, 동양인에 대한 편견이 극심했다. 그런 사회에서 젊은 여인이 동양인 노인과 결혼한다는 것은 큰 추문이 될 수밖에 없었다.

당시 우남은 자신의 생계를 꾸리기도 벅찬 처지였다. 첫 만남에서 우남이 프란체스카 여사의 눈길을 끌게 된 것은 그의 소박한 식단이었다.

> 지배인의 안내를 받으며 우리가 앉아 있는 식탁으로 온 이 박사의 첫 인상은 기품있고 고귀한 동양 신사로 느껴졌다. 그는 프랑스어로 "좌석을 허락해주셔서 감사합니다"하고 정

중히 인사를 한 뒤 앞자리에 앉았다.

곧바로 메뉴를 가지고 온 웨이터에게 높은 신분으로 보였던 이 동양 신사가 주문한 식단을 보고 나는 무척이나 놀랐다. '사우어크라우트(sauerkraut)'라는 시큼하게 절인 배추와 조그만 소시지 하나, 그리고 감자 2개가 전부였다. 당시 유럽을 방문하는 동양 귀빈들의 호화판 식사와는 달리, 값싼 음식뿐이었기 때문이다.

- 프란체스카 도너 리, 『이승만 대통령의 건강』에서

프란체스카 여사의 모친이 "내 딸을 날달걀에 식초를 쳐서 먹는 가난뱅이에게 줄 수 없다"고 결혼을 극력 반대한 것은 예상할 수 있는 일이었다.

우남이 무국적자였다는 사실도 큰 결점이었다. 대한민국 임시정부의 초대 대통령이었고 당시는 임시정부를 대표해서 미국을 비롯한 강대국들을 상대로 외교 활동을 하는 처지라서 미국 국적을 갖기를 마다했다는 우남의 설명에 프란체스카 여사는 오히려 흠모의 마음이 깊어졌지만, 그녀의 가족으로선 그것도 걱정하지 않을 수 없었다.

사정이 그러했으므로, 두 사람 사이의 관계에서 우남은 아주 소극적일 수밖에 없었다. 선택과 결단은 젊은 백인 여성 프란체스카 도너의 몫이었다. 그렇게 형성된 관계는 세월이 흘러도 그리 크게 바뀌지 않는다. 세월이 흐르면, 오히려 아내의 역할과 권한이 상대적으로 커지게 마련이다. 실제로, 우리는 우남의 힘든 결단들이 프란체스카 여사의 지지를 얻은 뒤에 이루어졌음을 가리키는 단서들을 곳곳에서 만난다.

어쨌든, 프란체스카 여사는 나이와 인종과 재산의 장벽을 극복했다. 여기서 '장벽'이라는 익숙한 비유는 그다지 적절하지 못하다. '낭떠러지'가 훨씬 적절할 것이다. 그만큼 그녀가 마주한 것은 보기만 해도 오금이 저리는 상황이었다. 그녀로 하여금 그 낭떠러지를 건너 뛰어 우남과 평생을 같이 하도록 한 힘은 '지도에서 사라진 조국의 부활을 위해 국적도 없이 세계를 떠도는 가난하고 나이 많은 혁명가에 대한 흠모'였다. 그저 애틋한 사랑으로 끝났을 우연을 위대한 생애들로 이끈 필연으로 바꾼 것은 그렇게 고귀한 감정이었다.

두 분의 결혼은 우남에게 이루 다 헤아릴 수 없는 행운들을 불러왔다. 현철하고 근검하며 사람들과 잘 사귀고 사무적 능력까지 갖춘 아내의 내조를 받으면서, 우남은 신체적 건강과 심리적 여유를 누리며 독립운동에 매진할 수 있었다. 프란체스카 여사의 헌신적 내조는 위에서 인용한 회고록 『이승만 대통령의 건강』에 잘 기술되어 읽는 이들을 감동시킨다.

결정적 행운은 우남이 『일본내막기(Japan Inside Out)』를 저술할 때, 프란체스카 여사의 도움을 받을 수 있었다는 사실이다. 원고를 세 번이나 타자해서 손가락이 짓물렀다는 일화가 가리키듯, 영어를 잘 하고 속기와 타자에 능한 아내의 도움을 받아, 우남은 탈고를 많이 앞당겼다. 덕분에 『일본내막기』는 일본 함대가 펄 하버를 기습하기 반 년 전에 출간되었다. 만일 프란체스카 여사가 평범한 여인이었다면, 그래서 우남의 탈고가 늦어졌다면, 우남은 예언자의 명성을 얻지 못했을 터이고, 그의 독립운동도 운동량이 크게 줄어들었을 것이다. 그런 상황이 궁극적으로 한반도의 운명에 미쳤을 영향은 가늠하기 힘들 만큼 크다.

프란체스카 여사의 타자수 역할은 두 분이 경무대로 들어간 뒤에도 이어졌다. 특히 6.25전쟁 시기에 부산 경무대엔 영어를 잘 하는 타자수가 없었으므로, 그녀의 역할은 오히려 중요해졌다. 그녀의 『난중일기』엔 "대통령의 편지를 밤늦게까지 타자했더니 몹시 피로했다"와 같은 구절들이 곳곳에 나온다.

잘 드러나지 않지만 생각해보면 당연하고 궁극적으로 중요한 행운은 프란체스카 여사가 우남의 뜻을 언제나 조건 없이 따르고 지지했다는 사실이다. 우남은 자신의 소신에 따라 홀로 온 세상에 맞서기를 두려워하지 않았다. 그러나 그렇게 의지가 강한 대장부도, 아내의 뜻이 다르면, 마음이 약해지는 법이다. 자신의 생계와 앞날을 걱정하고 세간의 평판에 마음을 써서 남편이 너무 모나지 않게 처신하기를 바라는 아내를 둔 사람은 투철한 혁명가가 될 수 없다. 프란체스카 여사는 우남이 외롭게 세상에 맞설 때, 늘 곁에서 그를 지지하고 보호했다. (이 말은 상징적으로 쓰인 것이 아니다. 암살이 횡행했던 미군정 시기에, 우남도 차를 타고 가다가 암살범의 저격을 받았다. 그때 프란체스카 여사가 본능적으로 우남을 자기 몸으로 감쌌다.)

어쩌면 우남은 아내에게 자신의 뜻을 밝히고 아내가 자신을 지지한다는 것을 확인한 뒤에야 세상에 맞섰다고 보는 편이 더 정확할 수도 있다. 그의 강인하면서도 담백한 성격은 1960년 4월 그가 하야하는 과정에서 잘 드러났다. 선거 부정을 했다는 이유로 공격을 받아 물러나게 되었으니, 어지간하면 '나는 상대 후보가 급서해서 투표가 시작되기도 전에 실질적으로 당선되었습니다. 나로선 부정선거를 할 이유가 없었습니다. 오히려 선거가 공정하게 치러져야 내 당선의 정당성이 확보될 수 있었습니다. 그리고 실제로 공정한 선거가 이루어지도록 내각을 독려했습니다'라고 해명할 만도 했지만, 그는 끝내 그런 얘기를 입에 담지 않았다. '국민이 원한다면, 대통령은 물러나야 한다'는 원칙만을 얘기하고 선뜻 물러났다. 그렇게 의지가 굳고 성격이 담백한 우남도 아내가 흔쾌히 지지하지 않으면 홀로 세상에 맞설 용기를 내기 어려웠을 것이다.

이런 사정을 언뜻 보여주는 것은 얄타 협정과 관련해서 우남이 혼자서 온 세상에 맞섰을 때 나온 한 장면이다. 1945년 중엽, 우남의 친구 로버트 올리버(Robert Oliver) 교수는 우남 내외와 만났다. 당시 우남은 얄타 협정에 한반도에 관한 '비밀 협약'이 있다고 폭로해서 미국 정부는 물론 미국 지식인 사회와 안창호 계열의 '서북파'로부터 거센 공격을 받고 있었다. 그런 상황을 올리버 교수는 『이승만: 신화 뒤의 사람』에서 아래와 같이 기술했다.

나는 조선에서의 소비에트의 야심들에 대한 그의 걱정을 이해했지만, 신문들은 국제연합이 성공적으로 발족했고 이제 드디어 세계는 오래 연기되었던 국제 협력 시대로 들어섰다는 멋진 소식들로 가득했다…

이런 감정들로 가득한 채로, 그리고 이승만이 미국과 소련의 정책들을 모두 거스르겠다고 고집해서 조선에 관한 합의를 막겠다고 위협한다는 일반적인 뉴스 해설에 마음이 흔들려서, 나는 이 박사와 그의 부인과 저녁 식사를 하러 와드먼 파크에 갔다…

후식을 먹고 나자, 나는 위 단락에서 요약된 감정들을 더할 나위 없이 진지하게 이 박사에게 밝혔다. 새로운 국제주의에 관한 이 강의에 나는 분명히 아시아의 소비에트 영향권 안에 자리잡았으므로 조선은 당연히 러시아 사람들과 협력해야 한다는 보다 구체적인 의견을 덧붙였다. 모든 상황들을 종합해보면, 한반도에 공산주의 연합정부가 들어서는 것을 피할 수 없는 것처럼 보였다. 이 박사가 고른 진로는 그가 그 정부로부터 제외되는 상황으로 이끌 것이며 그런 결과로 그가 조선의 독립을 이루기 위해 평생 투쟁하고서도 그가 이루려 투쟁해온 목표가 성취되는 순간에 개인적으로는 실패하리라는 것을 나는 덧붙였다.

내가 말을 마치자, 긴 침묵이 내렸는데, 마침내 미세스 리가 침묵을 깨뜨렸다. "이 박사와 나는 당신이 제기한 문제에 관해서 오래 얘기했습니다. 당신이 한 얘기가 아마도 맞으리라고 우리는 생각합니다. 조선은 공산주의 정부를 가질 것 같습니다. 지금 일어나는 일들이 그렇게 보이도록 합니다. 이 박사가 택한 입장 때문에 우리는 그런 정부의 한 부분이 될 수 없다는 것을 우리는 압니다. 어찌 되었든, 그는 그런 연합에 결코 참여하지 않을 것입니다."

이 대목에서 우리는 우남과 프란체스카 여사가 하나의 존재로 융합되었음을 엿본다. 그들은, 한쪽이 사라지면, 다른 쪽도 궤도에서 이탈할 수밖에 없는 '이중성'이었다.

부록 2

얄타 협정의 비밀 협약

[이 부록은 졸작 『물로 씌어진 이름』의 제21장 '얄타'에서 뽑아 다듬은 글이다.]

에밀 고브로의 제보

1945년 3월 28일에 이승만은 주미 러시아 대사에게 강력하게 경고하는 편지를 보냈다. "나는 러시아가, 만일 사실이라면, 대한민국 임시정부와 한국인들의 희망과 결심에 전적으로 해로운, 한국에 대한 전후 프로그램을 가졌다고 언명하는, 모스크바로부터 흘러나왔다고 말해지는, 지속되는 언론 보도들에 대해 귀하의 주의를 요청하는 영광을 가집니다. (I have the honor to call your Excellency's attention to the persistent press reports, attributed to have emanated from Moscow, stating that Russia has a postwar program on Korea, which is, if true, entirely detrimental to the aspirations and determination of the Korean Provisional Government and the Korean people.)" 이어 그는 "한국은 자신이 상실한 독립의 제약 없이 완벽한 회복에 미치지 못하는 어떤 전후 계획도 결코 받아들일 수 없다"고 언명했다.

그는 상황이 더 악화되기 전에 러시아에 대해서 경고하는 것이 필요하다고 판단했다. 그렇게 대한민국 임시정부 명의로 공식적으로 그리고 공개적으로 항의해 놓아야, 앞으로 나올 상황에 충분히 대응할 수 있다고 판단한 것이었다. 실제로, 이 편지는 러시아 대사만이 아니라 다른 사람들에게도, 미국 국무부 관리들과 재미한족연합위원회 사람들에 대해서도, 대한민국 임시정부의 태도를 천명한 것이었다.

4월 15일엔 이승만은 오랜 친구 제이 윌리엄스(Jay Williams)의 소개로 에밀 고브로((Emile Gauvreau)라는 사람을 만났다. 한때는 영향력이 컸던 언론인이었는데, 지금은 펜실배니어 주의 시골에서 농사를 짓는다고 했다. 고브로는 안면이 있는 윌리엄스에게 조선 문제에 관한 중요한 정보를 얻었다고 알렸다. 윌리엄스가 오랫동안 조선의 독립을 위해 헌신해온 것을 알았으므로, 윌리엄스에게 연락한 것이었다. 윌리엄스는 고브로가 얻은 정보를 한 달 가까이 확인했고, 믿을 만한 정보라 판단하자, 이승만과의 만남을 주선한 터였다.

고브로가 들려준 얘기의 핵심은 셋이었다. (1) 얄타 회담에선 공식적으로 발표된 협약 이외에 비밀 협약이 있었다; (2) 이 비밀 협약은 일본과의 전쟁이 끝날 때까지 조선을 러시아의 영향 아래 두기로 했다; (3) 나아가서, 미국과 영국은 일본과의 전쟁이 끝날 때까지 조선에 대해 아무런 약속도 하지 않기로 했다.

이런 얘기는 바로 이승만이 의심하고 걱정했던 일이었다. 고브로의 얘기를 다 듣고 나자, 그는 고브로에게 말했다. "고브로 씨, 나는 당신이 한 얘기가 사실이라고 믿습니다. 이런 종류의 정보는 확인할 길이 없습니다. 따라서 믿고 받아들여서 그것에 바탕을 두고 행동하거나 반신반의하면서 확인될 때까지 참고 자료로 삼는 길이 있습니다. 나는 당신의 얘기를 믿고 그것에 따라 행동하겠습니다."

이승만의 반응이 워낙 즉각적이고 태도가 단호하자, 고브로는 적잖이 놀라는 기색이었다. "감사합니다. 이 박사님."

싱긋 웃으면서, 이승만은 말을 이었다. "실은 나도 지난달에 주미 러시아 대사에게 이 일과 관련해서 경고하는 편지를 보냈습니다. 그 편지의 서두에서 나는 썼습니다. '나는 러시아가, 만일 사실이라면, 대한민국 임시정부와 한국인들의 희망과 결심에 전적으로 해로운, 한국에 대한 전후 프로그램을 가졌다고 언명하는, 모스크바로부터 흘러나왔다고 말해지는, 지속되는 언론 보도들에 대해 귀하의 주의를 요청하는 영광을 가집니다.'"

고브로가 무릎을 치면서 웃었다. "이 박사님, 그것은 마치 다람쥐가 곰에게 '여기는 내 영역이니, 들어오지 마시오' 하고 고함치는 것과 같습니다."

샌프란시스코 기자 회견

5월 11일 12시 샌프란시스코의 팰리스 호텔 식당에서 이승만은 기자회견을 가졌다. 고브로의 주선 덕분에 기자들 여럿이 모였다.

다음날 '샌프랜시스코 이그재미너(San Francisco Examiner)'는 논설면인 8면에 '한국인들은 러시아의 손길을 두려워한다(Koreans Fear Grab By Russia)'라는 제목을 단 레이 리처즈(Ray Richards) 기자의 기사를 실었다. 리처즈는 이승만이 한 얘기들을 충실히 보도했다. 그리고 이승만의 워싱턴 본부에서 그의 동료들은 "완전한 얄타 협정은 러시아에 만주를 양여한다는 약속을 포함하는 것으로 이해한다"고 말했다고 덧붙였다. 이승만의 얘기에 대해서, 그는 "그렇게 일컬어진 문서가 진정이라면, 이곳의 국제연합 회의에서 외교적 다이나마이트 장약이 될 수 있다"고 평했다.

이승만의 예상대로, 미국 대표단은 얄타 비밀 협약의 언급에 즉각 반응했다. 5월17일 국무장관을 대신해서 극동국장 조지프

밸런타인(Joseph W. Ballantine)이 얄타 비밀 협약의 존재를 부인하는 편지를 보내왔다.

5월 21일 '샌프랜시스코 이그재미너'는 '한국을 러시아의 궤도에 두는 협상이 규탄받다(Deal Putting Korea in Russian Orbit Charged)'라는 제목을 단 리처즈 기자의 기사를 5면의 머리 기사로 실었다. 20일에 대한민국 임시정부의 워싱턴 본부가 샌프랜시스코에 머물고 있는 이승만 박사의 지시에 따라 "두 문장으로 된 얄타 협약의 사본이라고 지칭된 문서를 공개했다"는 얘기였다.

"루스벨트 대통령, 처칠 수상 및 스탈린 수상이 이니셜로 서명했다"는 이 문서의 대본은 아래와 같다.

> 한국은 일본과의 전쟁이 끝난 뒤까지 소련의 영향 궤도 안에 남도록 한다는 것을 영국과 미국은 러시아에 동의한다. (Great Britain and the United States agree with Russia that Korea shall remain in the orbit of influence of the Union of Soviet Socialist Republics until after the end of the Japanese war.)
>
> 일본과의 전쟁이 끝난 뒤까지 어떤 약속도 미국과 영국에 의해 한국에 주어지지 않으리라는 것이 추가로 합의되었다. (It is further agreed that no commitments whatever shall be made to Korea

by the United States and Great Britain until after the end of the Japanese war.)"

이승만은 이 각서가 일본으로부터 해방된 한국이 독립할 것이라는 '카이로 선언'을 위반했다고 주장했다. "각서의 '일본과의 전쟁이 끝난 뒤까지'라는 표현은 러시아가 자신이 점령한 유럽 국가들에 독립의 약속조차 일관되게 거부하는 태도에 의해 뜻이 없음이 드러난다. 강대국들은 오스트리아, 폴란드, 유고슬라비아, 체코슬로바키아 그리고 핀란드에 한국을 기꺼이 더할 생각이다." [이승만이 러시아가 장악한 루마니아, 불가리아 및 헝가리를 언급하지 않은 것은 이 나라들이 추축국에 가담했던 나라들이기 때문이었다.]

미국 정부의 반응

이승만이 우악스럽게 팔을 비틀자, 자기네 입맛에 맞지 않으면 대꾸도 하지 않는 미국 국무부도 어쩔 수 없이 반응했다. 1945년 6월 5일 국무부 극동국장 대리 프랭크 로크하트(Frank P. Lockhart)는 국무장관 대리를 대신해서 이승만이 트루먼 대통령에게 보낸 5월 15일자 편지에 대한 답장을 보내왔다. 그는 이승만이 제기한 의혹은 "거짓 소문"에 바탕을 두었으며 카이로 선언에서 천명된 연합국의 조선에 관한 정책은 충실히 이행될 것이라고 밝혔다. 대한민국 임시정부의 국제연합 회의 참석은 자격이 없다는 점을 들어 거절했다. 그리고 일본과의 전쟁에 조선인들을 활용하는 방안은 이미 미군에서 적절하게 수행하고 있다고 지적했다. 이어 6월 8일 조지프 그루(Joseph Grew) 국무장관 대리는 로크하트가 이승만에게 편지로 통보한 사항을 직접 성명을 통해 발표했다.

미국 의회에서도 이승만의 폭로에 대한 관심이 커졌다. 6월 22일엔 미시건 주 출신 하원의원 폴 셰이퍼(Paul W. Shafer)가 이승만의 발표를 인용하면서 국무부에 투명한 처리를 요구했고, 7월 1일엔 노스 다코타 출신 상원의원 윌리엄 랭어(William Langer)가 러시아의 동아시아 정책에 대한 우려를 국무부가 해소해야 한다고 강조했다.

이처럼 '얄타 협정의 비밀 협약'에 관심이 커지자, 당사국인 영국에서도 관심이 일었다. 의원들은 처칠 수상에게 그런 의혹에 대해 질의했다. 처칠은 '비밀 협약은 없었지만, 많은 주제들이 다루어졌고, 몇 가지 대체적 양해사항들(some general understandings)이 있었다'는 요지의 답변을 했다.

미국 정부가 공식적으로 부인하자, 얄타 회담에서 '비밀 협약'이 있었다는 의혹은 일단 해소되었다. 그러자 이승만의 적들이 들고 일어나서 그의 행동을 어리석은 짓이라 거세게 비판했다. 이승만의 견해를 대변하는 '북미시보'가 '러시아는 중국 연안延安에 한인공산당 임시정부를 조직해 두고 폴란드에서 루블린(Lublin) 정권을 세운 것처럼 조선의 공식 정부로 내세우려 한다'고 보도했으므로, 그들의 반발은 필연적이었다.

그러나 이승만은 자신의 생각을 바꾸거나 활동이 위축되지 않았다. 7월 18일엔 연합국 정상회담을 위해 독일 포츠담(Potsdam)에 간 트루먼 대통령에게 긴 전보를 쳐서 조선의 장래를 어둡게 하는 어떤 조치도 취하지 말라고 요청했다.

7월 25일엔 로크하트의 해명과 그루의 성명을 반박하는 답신을 로크하트에게 보냈다. 그는 미국 정부의 해명이 "일상적 상황에선 충분하다고 간주되어야 하지만" 몇 가지 점들 때문에 그의 의심들이 "완전히 해소되지 않았다"고 썼다.

(1) 비밀 협약의 신빙성은 흠잡을 데 없는 평판을 지닌 미국 시민에 의해 보증되었고 그는 그의 정보의 원천을 공개할 것이다.

(2) 소비에트 러시아 당국이 불길한 침묵을 유지한다.

(3) 얄타에서 논의된 주제들이 많은데 그것들은 현재로선 공개될 수 없다고 처칠 수상이 천명했다. 그는 한국 문제가 그것들 가운데 하나가 아니라고 말하지 않았다.

(4) 지난 40년 동안 일본과 싸워왔고 미국을 돕겠다고 나선 한국을 미국이 승인하지 않는 것은 이미 얄타 회담 이전

에 비슷한 성격의 구두나 서면의 협약이 있었음을 가리킨다.

⑸ 한국은 1905년에 비밀 외교의 희생이 되었다. 그것은 여러 해 뒤에야 밝혀져서, 조선인들이 항의하기엔 너무 늦었다. 그들이 외교적 언명과 부인보다 실질적인 보장을 원한다 해서, 누가 그들을 비난할 수 있겠는가?

비밀 협약의 내용

얄타 협정이 맺어지고 꼭 1년 뒤인 1946년 2월 11일 미국, 영국. 러시아의 세 강대국이 맺은 '동아시아에 관한 비밀 협약'이 공개되었다. 그 협약에서 스탈린은 독일과의 전쟁이 끝난 뒤 두세 달 안에 일본과의 전쟁에 참여하겠다고 루스벨트와 처칠에게 약속했다. 그런 참전은 아래의 조건들이 충족된다는 것을 전제로 삼았다.

⑴ 외몽골(몽골인민공화국)에서의 현상(status quo)은 유지된다

⑵ 1904년 러일전쟁으로 러시아가 잃은 권리들은 복원된다:

a) 남부 사할린과 둘레의 섬들은 러시아에 반환된다.

b) 대련항은 국제항이 되고 이 항구에 대해서 러시아가 지녔던 특권들은 복원된다; 러시아가 여순항을 해군기지

로 조차한 것은 복원된다.

c) 만주의 동청철도와 남만주철도는 중국과 공동으로 운영 된다.

(3) 쿠릴 열도는 러시아에 할양된다.

이승만이 줄기차게 주장한 '얄타 비밀 협약'은 실체가 있었음이 밝혀진 것이었다. 그러나 정작 조선에 관한 항목은 비밀 협약에 들어있지 않았다.

이승만은 이런 상황에서 어쩔 수 없이 큰 충격을 받았다. 고브로의 정보가 정확하다고 끝까지 확신했던 그로선 실재하는 비밀 협약에 조선에 관한 언급이 없는 상황을 설명할 길이 없었다.

그의 적들은 그가 잘못 알고서 경솔하게 행동했다고 다시 그를 공격했다. 물론 그들은 외면했다. 이승만의 폭로 덕분에 미국이 "카이로 선언은 충실히 이행된다"고 확인해서 한국의 독립을 보장받았다는 사실을.

베노나 사업

1990년대 중엽 미국 정부는 냉전이 끝난 상황에 맞추어 국가기밀에 관한 제도들을 근본적으로 검토하고 새로 세우기 위해 '정부기밀 보호 및 감축 위원회(Commission on Protecting and Reducing

Government Secrecy)'를 구성했다. 이 위원회를 이끈 대니얼 패트릭 모이니핸(Daniel Patrick Moynihan) 상원의원은 정보 기관들의 수장들을 설득해서 냉전 시기에 미국 정부가 가장 중요한 기밀로 여긴 '베노나 사업(Venona Project)'의 정보들을 공개하도록 설득했다.

외부의 예상과 달리, 정보 기관들은 모이니핸의 요청을 선뜻 받아들였다. 실은 정보 기관들 안에서도 오래된 기밀들을 공개하는 것이 바람직하다는 목소리가 높았음이 드러났다. 중앙정보국(CIA)의 방첩 활동을 지휘한 전설적 인물인 제임스 앵글턴(James Angleton)은 1987년 죽기 직전에 동료들에게 '베노나 사업'의 해독된 전문들을 공개하라고 유언했다. '그 전문들을 공개하면, 직업적 방첩 요원들과는 다른 안목을 지닌 역사가들과 저널리스트들이 연방수사국, 중앙정보국 및 국가안보국(NSA)의 통합된 노력들로도 밝혀내지 못한 러시아 첩자들의 암호 이름들을 실제 인물들과 연결시킬 수 있을 가능성이 있다'고 동료들을 설득했다. (그의 통찰은 옳았음이 증명되었다.) 그렇게 해서 메릴랜드 주 '미드 기지(Fort Meade)'의 엄중한 감시를 받는 서고에 보관된 3천가까이 되는 비밀 전문들이 공개되었다.

이 비밀 전문들은 1940년대 전반에 미국에서 활동한 소비에트 러시아 첩보 기관 요원들과 모스크바의 당국자들 사이에 오간 것들이었다. 이 극비 암호 전문들이 공개되면서, 러시아가 미국에서 벌인 엄청난 첩보 활동의 규모가 드러났고 현대사를 바라보는 시각이 바뀌었다. 러시아가 미국에서 벌인 첩보 활동이 적성 국가에 대한 것처럼 워낙 공격적이고 전반적이었고 그렇게 얻어낸 기밀들이 워낙 중대한 영향을 미쳤으므로, 냉전(The Cold War)이 1947년경이 아니라 1942년경에 시작되었다는 주장까지 나왔다.

아울러, 매카시와 매카시즘에 대한 시각도 상당히 달라졌다. 매카시의 주장은 근거가 있었을 뿐 아니라 무고한 사람들을 공산주의자들로 몰아붙인 경우가 거의 없었다는 것이 확인되었다. 다른 편으로는, 그를 선동가로 몰아부친 사람들의 다수가 실제로는 러시아의 첩보 활동에 무지했거나 무지를 가장했다는 것이 드러났다.

이 모든 것들이 공산주의 러시아를 믿지 못한 미군 장교 한 사람에 의해 시작되었다. 1943년 초엽 미국 전쟁부 산하 육군특수반을 이끌던 육군공안부장 카터 클라크(Carter Clarke) 대령은 독일과 러시아가 평화 협상을 한다는 풍문을 들었다. 1939년에 두 나라가 불가침조약을 맺었던 터라, 그런 풍문은 그럴 듯했다. 클라크는 육군특수반이 감독하는 통신정보대(Signal Intelligence Service)에 러시아의 암호 전문들을 해독할 작은 조직을 만들라고 지시했다. 당시 미국엔 러시아의 첩보 활동을 감시하는 기구가 없었고, 루스벨트 정권과 언론 기관들은 러시아와 스탈린에 대한 미국 시민들의 태도를 호의적으로 만드는 데 열중했다. 이처럼 조그마하게 시작된 사업은 뒤에 국가안보국(National Security Agency)이 이어받아 중요한 사업으로 발전했다.

제2차 세계대전이 일어난 뒤, 미국 정부는 나가고 들어오는 모든 국제 전문들의 사본을 수집했다. 통신정보대가 해독에 착수한 전문들은 감청으로 얻은 기밀들이 아니라 이처럼 통상적으로 수집된 것들이었다. 그래서 정예 암호 해독 전문가들로 이루어진 통신정보대는 그 전문들을 쉽게 해독하리라 예상했다. 막상 해독에 들어가니, 러시아 대사관이 본국과 교신한 암호 전문들은 '1회한 암호통신(one-time pad)' 방식이었다. 이것은 이론적으로는 해독이 불가능한 암호였다.

그러나 '베노나 사업(Venona Project)'이라는 이름을 지니게 된 이 과제에 종사한 암호 해독 전문가들은 끈질기게 러시아 첩보 요원들이 저지른 사소한 실수들을 찾아내서 암호를 풀려고 시도했다. 마침내 1946년에 그들은 전문 하나를 읽을 만한 대본으로 해독해냈다. 이미 전쟁이 끝난 터라, 애초에 클라크가 알고자 했던 독일과 러시아의 평화 협상 여부는 이미 관심사가 아니었다. 그리고 두 나라가 그런 협상을 시도했다는 증거도 없었다.

그러나 베노나 사업의 암호 해독 전문가들은 자신들이 해독한 암호 전문들의 내용에 경악했다. 그 전문들은 러시아 뉴욕 영사관과 모스크바 외무부 사이에 오간 것이 아니라 뉴욕의 러시아 비밀 요원들과 모스크바의 비밀경찰 NKVD 외국첩보국장 파벨 피틴(Pavel Fitin) 중장 사이에 오간 것들이었다. 그리고 그것들은 러시아 정보기관들이 미국 정부 깊숙이 첩자들을 심었고 엄청난 기밀들을 빼내갔다는 것을 보여주었다.

베노나 사업이 확인한 미국인 러시아 첩자들은 349명이었다. 그러나 해독되지 않은 전문들이 많았으므로, 베노나 사업이 찾아내지 못한 첩자들도 상당히 많았다. 확인된 349명 가운데 실명을 밝혀낸 것은 절반도 되지 않았다. 그래서 2백 가까운 확인된 첩자들과 아예 확인되지도 않은 첩자들이 계속 러시아를 위해 암약했다.

이들 첩자들은 모두 뛰어난 지식인들이었다. 그들은 1930년대 초엽의 대공황을 겪으면서 자본주의에 환멸을 느끼고 공산주의로 기울었다. 그리고 루스벨트 정권이 뉴딜(New Deal) 정책을 펴자, 그 사업에 적극적으로 참여했다. 그런 과정을 거쳐 그들은 거의 다 미국공산당(CPUSA)에 가입했고 상당수는 스페인 내전에 국제여단(International Brigades) 소속으로 참가했다. 그들은 대부분 국제공산당에 매료되어 스스로 공산주의 러시아를 위해 일한 것이었다. 그래서 돈을 받고 기밀을 파는 첩자들과 달리, 정책적 차원에서 지속적으로 미국과 자유세계에 해독을 끼쳤다.

이들 첩자들이 끼친 해로운 영향은 크게 보아 두 가지다. 하나는 미국의 정책들을 러시아에 유리하게 유도하고 미국의 협상 전략을 러시아에 미리 알려주어 중요한 협상들에서 러시아에 유리한 결과가 나오도록 했다. 이들은 얄타 회담에서 특히 치명적 해독을 끼쳤다.

다른 하나는 미국 정부가 개발한 중요한 비밀 기술들을 러시아에 넘긴 것이다. 가장 중요한 기술은 물론 원자탄 제조 기술이었다. 원자탄의 개발 사업인 '맨해튼 사업(Manhattan Project)'에 침투한 첩자들은 미국 과학자들과 기술자들이 엄청난 자원을 쓰며 긴 시행착오의 과정을 거쳐 얻은 기술 정보들을, 보통 우라늄에서 무기 등급 우라늄을 추출하는 복잡한 공식, 생산 시설 계획, 내파 기술을 위한 공학 원리와 같은 정보들을 거의 실시간으로 러시아에 넘겨주었다. 그래서 스탈린은 현직 미국 부통령 트루먼보다 원자탄 개발 사업에 대해 훨씬 먼저 그리고 자세히 알았다.

원자탄 기밀보다야 덜 중요하지만 러시아의 전력을 크게 향상시킨 기밀 기술은 제트 엔진과 제트 항공기 제작 기술이었다. 항공과학자 윌리엄 펄(William Perl)이 넘긴 이 기밀 덕분에, 러시아는 미국과의 기술 격차를 극복하고 발전된 제트 전투기를 개발할 수 있었다.

이런 비밀 기술들의 유출은 한반도의 상황에 직접적 영향을 미쳤다. 첩자들이 넘긴 미국의 원자탄 제조 기술은 러시아가 아주 작은 비용으로 아주 빨리 원자탄을 개발하도록 도왔다. 그래서 러시아는 1949년에 원자탄을 성공적으로 폭발시켰고, 원자탄 개발에 고무된 스탈린은 냉전에서 더욱 공격적인 태도를 보였다. 만일 러시아가 원자탄을 보유하지 않았다면, 위험을 극도로 회피하는 스탈린이 북한의 남한 침공을 선뜻 허락하지는 않았을 것이다. 다른 편으로는, 러시아가 원자탄을 보유했다는 사실은 1950년 겨울에 트루먼으로 하여금 북한군과 중공군에 대해 원자탄을 쓰는 것을 망설이게 만들었다.

1950년 여름에 한국 전쟁이 일어났을 때, 미군 지휘관들은 미국 공군이 쉽게 제공권을 장악하리라고 예상했다. 북한군과 중공군이 갖춘 러시아 전투기들이 미군 전투기들의 상대가 되지 못하리라고 판단했던 것이다. 막상 공중전이 벌어지자, 러시아가 제공한 MiG-15 제트 전투기는 미군의 프로펠러 전투기를 압도했을 뿐 아니라 미군의 첫 세대 제트 전투기보다도 성능이 뛰어났다. 미군이 최신 제트 전투기 F-86 Saver를 긴급 투입한 뒤에야, 양쪽 전투기들의 성능이 비슷해졌다. 미국 공군이 제공권을 장악하게 된 것은 미국 전투기들의 우수성이 아니라 조종사들의 우수성 덕분이었다.

미국 육군 수뇌부는 베노나 사업에서 얻어진 기밀들을 시민들에게 공개하지 않고 정부 안에서도 제한적으로 제공하기로 결정했다. 심지어 육군 참모총장 오마 브래들리(Omar Bradley) 대장은 백악관에 올라간 정보들은 새어나간다는 이유를 들어 트루먼 대통령에게도 직접 보고하지 않았다.

이 비밀 사업은 1980년 10월까지 지속되었다. 마지막 해에도 39개의 전문이 해독되었다. 그러나 국가안보국은 자료들이 너무 오래 되어서 실질적 가치가 적어졌다고 판단해서 사업을 중단시켰다.

그러나 그 사업을 통해 얻은 기밀은 모이니핸의 노력으로 공개되기 전까지 15년 동안 기밀로 묶여 있었다. 그렇게 반 세기 넘게 기밀로 묶인 근본적 이유는 그 기밀들이 미국 정보기관들의 활동에 중요했다는 사실이었다.

먼저, 베노나 전문들은 러시아 정보기관들의 관행과 행태에 대해, 첩보 분야에서 '직업적 기술(tradecraft)'이라 불리는 것들에 대해, 결정적으로 중요한 정보들을 제공했다. 아울러, 전문들에 등장한 러시아 정보 요원들은 뒤에 승진해서 중요한 직책을 맡았다. 그런 정보들은 미국 정보기관들이 러시아 정보기관들에 대응하는 데 큰 도움이 되었고 다른 우방 국가들에서 암약하는 러시아 정보 요원들을 찾아내는 데도 큰 도움이 되었다.

다음엔, 베노나 전문들의 해독 작업을 통해 미국 요원들은 러시아 정보 요원들이 저지른 실수들을 알게 되었다. 예컨대, 첩자의 은폐 이름(cover name)은 그 이름을 지은 사람이 감추려는 것이 무엇인지 알려줄 때가 드물지 않았다. (이런 교훈 덕분에 미국 정보 기관들은 중요한 일들에선 아예 컴퓨터가 무작위적으로 이름을 짓도록 하기도 했다.) 그것은 러시아로부터 감출 가치가 있는 정보였다.

그러나 베노나 전문의 가장 중요한 용도는 정보들의 신빙성을 판별하는 기준이었다. 미국 정보기관들의 중요한 정보의 원천은 망명한 러시아 정보 요원들이었다. 그러나 그들이 제공한 정보들을 그대로 믿을 수는 없었다. 그들은 다양한 이유들로 러시아를 버리고 미국으로 망명했고, 편향되거나 부정확한 정보들을 제공했다. 망명으로 위장해서 미국 정보기관에 거짓 정보를 제공하려는 러시아 요원들도 있었다. 그들이 제공한 정보가 베노나 사업에서 얻은 정보와 부합하면, 함께 제공한 다른 정보들도 그만큼 신빙성이 높아졌고, 그들의 얘기가 베노나 정보와 어긋나면, 그들의 얘기는 신빙성이 줄어들었다. 베노나 사업의 정보들이 미국의 방첩 활동에서 시금석 노릇을 한 셈이다.

이처럼 국가안보국이 베노나 사업에서 얻은 정보들을 기밀로 묶어 놓은 것은 방첩 활동의 차원에선 자연스러웠다. 그러나 보다 높은 차원에선 현명치 못한 결정이었다는 평가를 받았다. 공산주의자들의 실체가 드러나지 않은 채 반공을 강조하다 보니, 미국 시민들의 다수는 안보 문제에 대해서 흔히 '매카시즘'이라는 개념으로 파악하게 되었다. 그래서 히스를 비롯한 러시아 첩자들은 극우파의 공작에 희생된 지식인들로 미화되었고, 공산주의의 위협을 얘기하는 사람들은 우매한 부류로 매도되었다. 만일 베노나 사업의 정보들이 한 세대 일찍 공개되었다면, 공산주의의 위협에 너무 무지했던 미국 사회의 이념적 지형이 크게 바뀌었으리라는 탄식이 나왔다.

앨저 히스의 역할

1945년 3월 30일자 베노나 전문 1822호는 러시아군 정보기관 GRU가 관리하는 첩자 ALES에 관한 것이었다. (이 전문은 1969년 8월 8일에야 해독되었다.) 모두 6개 항인 이 전문의 5항은 "근자에 ALES와 그의 집단 모두가 소비에트 훈장을 받았다"였고 6항은 "얄타 회담 뒤, 그가 모스크바로 갔을 때, 매우 책임이 무거운 자리에 있는 소비에트 인물이 (ALES는 그가 비신스키(Vishinsky) 동지였다고 시사했다) ALES와 만나서 '군사 이웃[GRU]'의 요청에 따라 그들의 감사의 뜻을 그에게 전해주었다고 말했다"였다.

이 전문에 따르면, ALES는 회담이 끝난 뒤 곧바로 미국으로 돌아가지 않고 합의 사항들의 마무리를 위해 모스크바로 간 네 명의 국무부 요원들 가운데 하나였다. 그 넷은 국무장관 에드워드 스테티니어스(Edward Stettinius), 유럽국장 프리먼 매튜스(H. Freeman Matthews), 국무장관 공보보좌관 와일더 푸트(Wilder Foote) 및 국무장관 고위 보좌관 히스였다. 이들 가운데 첫 세 사람은 러시아 첩자 혐의가 제기된 적이 없었다. 히스는 그때 이미 여러 경로로 러시아 첩자였다는 것이 드러난 터였다. 전문을 해독한 사람은 ALES가 '아마도 앨저 히스'라고 판정했다. 여러 비밀 자료들을 검토한 뒤, 모이니핸 위원회도 ALES가 히스라는 결론을 내렸다.

여기서 주목할 점은 모스크바로 간 네 사람 가운데 동아시아 정세에 대해 아는 사람은 히스 뿐이었다는 사실이다. 스테티니어스가 모스크바로 간 것은 얄타 회담에서 합의한 원칙들 가운데 구체화 작업이 필요한 폴란드 문제 때문이었다. 그는 동유럽 전문가들을 모스크바로 불러서 러시아 및 영국 외교관들과 협의했다. 따라서 당시 모스크바에 있었던 미국 외교관들 가운데 동아시아에 관해, 특히 한반도 문제에 관해, 잘 아는 사람은 히스 뿐이었다. 즉 러시아 정부가 한반도 문제에 관해 협의한 사람은 러시아를 위해 일해온 히스였다는 얘기가 된다.

그러면 에밀 고브로와 제이 윌리엄스는 '전쟁이 끝날 때까지 조선을 러시아의 영향 아래 둔다'는 '얄타 비밀 협약'이 맺어졌다는 얘기를 어떻게 듣게 되었을까? 이 흥미롭고 중요한 물음에 대해서도 베노나 전문은 시사하는 바가 있다. ALES가 모스크바에 갔을 때, 그는 부외상 안드레이 비신스키(Andrei Vishinsky)로부터 러시아 첩자로 수행한 공로에 대해 '적성 훈장(Order of the

Red Star)'을 받았다. 그때 그는 그의 조직원 넷의 훈장들까지 대신 받았다. 원래 그가 속한 러시아 첩자 조직은 해롤드 웨어(Harold Ware)가 이끈 '웨어 집단(Ware Group)'이었는데, 히스는 그 조직의 하부 조직 하나를 이끌었다. 그 비밀 시상식에서 ALES를 조종해 온 GRU는 비신스키를 통해 ALES와 다른 네 사람에게 감사의 뜻을 전했다.

러시아에서 귀국한 뒤, 히스는 조직원들에게 훈장을 전하면서 자신이 모스크바에 가서 대표로 훈장을 받았고 GRU가 감사의 뜻을 전해왔다는 사실을 밝혔을 것이다. 자연히, 그는 그들에게 모스크바에서 있었던 일들을 얘기하고 자신이 러시아 지도부로부터 한반도에 관해서 받은 지침을 전달하고 그런 지침을 달성하도록 노력해달라고 주문했을 것이다. 히스가 동료들과 공유한 정보들은 러시아 첩자들의 인맥을 통해서 퍼졌을 것이다. 아울러, 그런 정보들은 히스와 그의 동료들을 조종하는 러시아 정보 요원을 통해서 러시아 사람들에게도 알려졌을 것이다.

이런 추론은 공산주의 러시아가 망한 뒤 새로 들어선 현재의 러시아가 잠시 비밀문서들을 공개했을 때, 서방 학자들이 접근할 수 있었던 비밀문서들에 의해 떠받쳐진다. 1945년 4월 25일 NKVD 외국정보 책임자 파벨 피틴은 NKVD 수장인 프세볼로드 메르쿨로프(Vsevolod Merkulov)에게 '미국 재무부의 러시아 첩자인 해럴드 글래서(Harold Glasser)가 해당 첩자 조직의 우두머

리인 ALES로부터 자신이 러시아 훈장을 받았다는 것을 들었다고 그를 조종하는 러시아 첩보 요원인 아나톨리 고르스키(Anatoly Gorsky)에게 보고했다'고 보고했다. 피틴의 보고는 베노나 사업으로 해독된 전문 1822에 바탕을 두었다.

고브로는 이들을 통해서 조선에 관한 '얄타 비밀 협약'의 존재에 관해서 알게 되었을 것이다. '고브로가 제이 윌리엄스의 도움을 받아 조선을 팔아 넘기려는 비밀 협약을 워싱턴에서 밝혀냈다'고 이승만이 편지에서 쓴 것은 히스와 그의 동료 첩자들 및 그들을 조종하는 러시아 첩보 요원들이 모두 워싱턴에서 활약했다는 사실과 부합된다. 비밀 협약이 문서의 형태로 존재한다고 고브로가 믿은 것도 그 정보가 그렇게 여러 단계를 거쳤다는 사실을 고려하면 이해가 된다.

이제 이승만의 '얄타 비밀 협약' 폭로의 효과에 대해 살필 차례다. 이승만은 낯선 외국 사람의 제보에 의존해서 미국, 영국, 러시아 3대 강대국 지도자들의 부도덕을 거듭 공개적으로 비판하는 모험을 결행했다. 국제정치 전문가로서 상상력이 뛰어나고 대담한 정한경도 크게 걱정했을 만큼, 그것은 지도에서 사라진 나라를 되살리겠다고 이역에서 떠돌면서 풍찬노숙을 마다하지 않은 독립운동가들로서도 엄두를 내기 어려운 일이었다. 오직 이승만만이 할 수 있는 모험이었다. 온 세계의 정세를 고려해서 사리를 판단할 수 있고 자신에게 주어진 임무를 뚜렷이 인식하고 그 임무를 위해 자신이 평생 쌓아 올린 명성과 자신에게 열려가는 정치적 입지를 선뜻 버릴 수 있는 사람만이 할 수 있는 모험이었다. 그런 모험은 과연 무슨 결과를 얻었는가?

'얄타 비밀 협약'에 대한 이승만의 거듭된 공개적 비판은 먼저 미국 사회에서 조선의 존재를 상기시켰다. 멸망한 나라로선 세상 사람들로부터 잊혀지는 것이 가장 두려운 운명이다. 잊히지 않아야, 언젠가는 부활하리라는 희망을 지닐 수 있다. 그는 자기 조국이 잊혀지는 것을 막기 위해 평생 진력했다. 그가 그런 목적을 위해 일부러 소란을 피우고 말썽을 일으킨 적은 한두 번이 아니었다. 그리고 '얄타 비밀 협약'을 공개적으로 거론함으로써, 그는 미국 시민들과 관료들과 정치가들이 'Korea'를 결코 잊지 못하도록 만들었다.

나아가서, 그는 미국 국무부가 비밀 협약이 없다고 확인하는 성과를 얻었다. 그런 확인은 평상시엔 결코 나올 수 없는 성격의 일이다. 그리고 그런 확인으로 러시아가 슬그머니 한반도를 장악할 위험은 크게 줄어들었다. 이승만은 평생 독립운동을 하면서, 큰 일들을 이루었다. 대한민국 임시정부의 초대 대통령과 주미외교위원부 대표로 이룬 외교적 성과들은 일일이 들기 어려울 만큼 많고 컸다. 그런 업적들 가운데 '얄타 비밀 협약'을 폭로함으로써 얻어낸 성과는 단연 으뜸이다. 그의 애국적 모험 덕분에,

한반도가 공산주의 러시아에 슬그머니 병합될 위험이 실질적으로 사라진 것이었다.

이승만의 이런 헌신적 노력이 실질적으로 작용한 모습을 우리는 '38선 획정' 과정에서 선명하게 볼 수 있다. 루스벨트는 조선에 대해서 구체적인 정책을 지니지 않은 채 얄타 회담에 임했다. 조선을 즉시 독립시키는 대신 상당 기간 연합국의 신탁 통치 아래 둔다는 방안이 현실적이라 여겼다. 그러나 1945년 7월 17일에서 8월 2일까지 독일 베를린 근교 포츠담에서 열린 '포츠담 회담(Potsdam Conference)'에서 미국은 조선의 일부를 군사적으로 점령한다는 방침을 세웠다. 7월 하순 육군 참모총장 조지 마셜 대장은 대표단의 일원인 작전참모부장 존 헐(John E. Hull) 중장에게 조선에 병력을 파견할 준비를 하라고 지시했다. 헐 중장과 그의 참모들은 조선의 지도를 살피고서 미군과 러시아군 사이의 적절한 경계를 찾아보았다. 그들은 미군 지역에 적어도 2개의 주요 항구들이 있어야 한다고 생각했다. 그래서 러시아 군과의 경계는 서울 북쪽에 설정되어야 한다고 판단했다. 이 경계는 북위 38도선과 일치하지는 않았지만 비슷했다. 그러나 그들은 그런 생각을 포츠담 회담에 참가한 러시아 군 지휘관들과 논의하지는 않았다.

포츠담 선언이 발표된 7월 26일 이후 사태는 급격히 진행되었다. 8월 6일엔 히로시마에 원자탄이 투하되었고, 8월 9일엔 나가사키에 다시 투하되었다. 8월 6일엔 러시아가 일본에 선전포고를 하고 만주를 공격했다. 마침내 8월 10일 일본이 항복 의사를 밝혔다.

러시아가 한반도 전부를 점령할 가능성을 걱정한 미군 지휘부는 국방부에 근무하던 딘 러스크(Dean Rusk) 대령에게 미군 점령 지역을 획정하라고 지시했다. 갑작스러운 임무를 받자, 조선에 대한 지식이 전혀 없던 그는 '내셔널 지오그래픽(National Geographic)'지의 지도를 보고 서울을 포함하는 지역을 미군 점령 지역으로 잡아 북위 38도선을 경계로 삼았다. 미국이 북위 38도선을 경계로 제안하자, 러시아는 선뜻 수락했다. 그렇게 해서 '38선'이 탄생했다.

위에서 보듯, 얄타 회담과 포츠담 회담 사이의 5개월 동안에 미국의 조선 정책이 근본적으로 달라졌다. 조선을 상당 기간 연합국의 신탁 통치 아래 두기로 해서 조선에서의 러시아의 우월적 지위를 인정하는 태도에서 군사적으로 점령할 준비가 안 된 상태에서도 미리 점령 지역을 획정해서 이미 조선을 점령하기 시작한 러시아에 동의를 요구하는 태도로 바뀐 것이다. 이런 태도의 변화는 어떻게 나왔나?

얄타 회담과 포츠담 회담 사이의 5개월 동안에 나온 조선과 관련된 사건은 이승만의 '얄타 비밀 협약' 폭로뿐이다. 그것은 연합국 정부들이 관련된 국제적 사건이었고, 미국 사회의 큰 관심을 불러 일으켰고, 미국 국무성이 공식적으로 이승만의 폭로를 부인해서 조선이 러시아의 일방적 영향 아래 놓이는 상황을 막았고, 덕분에 조선 문제에 대한 관심이 크게 높아졌다. 따라서 미군이 한반도 남부를 점령하게 된 일은 이승만의 행동이 영향을, 결정적 영향이 아니라면 적어도 실질적으로 중요한 영향을, 미쳤다고 보아야 한다.

물론 우리는 상황이 많이 바뀌었다는 점도 주목해야 한다. 무엇보다도, 미국의 지도자가 바뀌었다. 사회주의적 세계관에 경도되고 스탈린에 대한 어리석은 환상과 자신의 매력에 대한 오만을 지녀서 미국의 지도자로서 부끄러운 행태를 보인 루스벨트가 죽고, 화려한 면은 없지만 현실적인 트루먼이 미국을 이끌게 되었다. 아직 업무에 서툴고 루스벨트의 참모들에 의존해야 했지만, 트루먼은 루스벨트처럼 스탈린에게 속지 않았다.

다음엔, 공산주의 러시아가 세계적으로, 특히 유럽에 제기하는 위협을 미국의 정치 지도자들, 외교관들 그리고 군사 지휘관들이 깊이 인식하게 되었다. 그래서 트루먼 정권은 스탈린의 음험한 책략에 루스벨트 정권과는 상당히 다른 대응을 하게 되었다.

사정이 그렇게 달라졌지만, 세계 어떤 지도자들보다 먼저 공산주의 러시아가 제기하는 위협을 경고해오고 '얄타 비밀 협약'을 폭로한 이승만의 활동이 미국의 한반도 정책의 변화에 중요한 계기가 된 것은 분명하다. 포츠담 회담에서 미국, 영국, 프랑스의 서방 3개국은 러시아와 협상할 준비가 제대로 되어 있지 않았다. 미국은 프랑스를 포츠담에 부르지 않았다. 루스벨트와 드골 사이의 불화가 깊었던 데다가 프랑스의 참가가 러시아와의 협상에 도움이 되지 않으리라고 미국과 영국이 판단한 것이었다. 게다가 영국은 총선거가 진행되고 있어서, 보수당의 처칠 수상과 노동당의 클레멘트 애틀리(Clement Attlee) 당수가 함께 참가했다. 회담 초기엔 처칠이 영국 대표로 참석했다가, 선거에서 노동당이 다수당이 되자, 곧바로 애틀리가 영국을 대표했다. 미국은 트루먼 대통령이 처음으로 연합국 회담에 참가했다. 자연히, 회담은 스탈린이 주도했다.

게다가 러시아가 독일 동쪽의 국가들을 모두 점령한 터라, 미국과 영국이 러시아에 자신들의 뜻을 강요할 처지가 못 되었다. 스탈린이 얄타 협정을 어기고 폴란드에 공산주의 정권을 세웠어도, 미국과 영국은 대응할 길이 없었다. 나아가서, 스탈린은 러시아가 점령한 나라들이 러시아의 '정당한 영향권'이라 주장하고 나섰다.

애초에 포츠담 회담의 주요 의제는 무조건 항복을 한 독일의 관리 방안이었다. 부수 의제들은 전후 질서의 확립과 전쟁의 영향에 대한 대처였다. 자연히, 포츠담 회담에 참가한 미국 대표들은 유럽 문제에 매달렸다. 그렇게 경황없는 자리에서 외교를 담당한 국무장관도 아니고 육군 참모총장인 마셜이 한반도 점령 문제를 챙겼다는 사실은 놀랍다. 당연히, 우리는 이승만의 공격적 외교 활동이 미친 영향에 주목할 수밖에 없다.

1945년 봄에 이 세상의 검은 기운들이 얄타로 모여들어서 거대한 음모를 만들어냈다. 거기서 나온 요사스러운 기운들은 온 세계로 퍼져서 헤아릴 수 없이 크고 복잡한 결과들을 낳았다. 그리고 그 영향은 아직도 세계의 움직임에 근본적 영향을 미치고 있다.

이승만이 의혹을 제기한 '얄타 비밀협약'은 '동아시아에 관한 비밀 협정'에서 따로 감춰진 합의사항이었다. 그것은 '음모 속의 음모 속의 음모(a conspiracy within a conspiracy within a conspiracy)'였다. 이승만은 그렇게 깊이 감춰진 음모를 세상에 드러냈다. 어둠 속에서 태어나고 자라난 존재들에 대한 가장 효과적인 대응은 그것들을 드러내어 햇살을 쪼이는 것이다. 이승만이 조선에 관한 비밀협약의 존재를 세상에 널리 알리면서, 그것은 그대로 말라 죽었다. 궁극적으로는 그 사실이 중요하다.

조선에 관한 '비밀협약'이 실제로 있었든 없었든, 그것에 대한 논란은 대한민국의 역사에 근본적 영향을 미쳤다. 만일 이승만이 그것의 존재를 주장하면서 미국과 영국에서 큰 논란을 일으키지 않았다면, 아마도 1945년 여름에 38선 이남의 한반도를 미군이 점령하는 상황은 나오지 않았을 것이고 대한민국이 탄생할 물질적 바탕도 마련되지 않았을 것이다.

부록 3

조지프 매카시의 업적

[이 부록은 졸작 『물로 씌어진 이름』의 제21장 '얄타'에서 뽑아 다듬은 글이다.]

많은 사람들이 수시로 '매카시'와 '매카시즘'을 입에 올린다. 그러나 그 말의 내력과 내용에 대해 성찰하는 사람은 참으로 드물다. 그런 무지와 무관심은 자유 세계를 지키는 데 큰 장애가 된다. 세계에서 가장 위험한 공산주의 국가들인 중국, 북한 및 러시아와 이웃하는 대한민국으로선 이것은 중대한 위험이다.

게다가 우리로선 대한민국을 지켜준 은인의 은공을 잊는 것이 된다. 지금 우리 사회에서 매카시의 삶과 업적에 대해 아는 사람이 이리도 적은 것은 참으로 부끄러운 일이다.

매카시의 위대한 유산

조지프 매카시는 많은 적들을 혼자 상대해야 했다. 그는 자신의 적들이 누구인지 확실히 알 수 없었다. 그가 냉전을 "공산주의적 무신론과 기독교 사이의 전면전"이라고 규정했으므로, 근본적 수준에선 당시와 미래의 모든 공산주의자들과 동행자들이 그의 적들이었다. 그를 직접 공격한 세력만 하더라도 미국의 권력을 쥔 사람들을 거의 다 포함했다. 처음엔 트루먼 정권과 민주당이었고, 뒤엔 아이젠하워 대통령을 중심으로 한 공화당 좌파와 민주당 전체를 포함했다. 그리고 미국 지식인들의 다수가 기꺼이 그 세력에 가담했다. 그래서 그가 파멸을 맞는 것은 시간문제였다. 그는 그런 운명을 마다 하지 않았다. 그는 굴욕적 타협을 거부하고 끝까지 자신의 믿음을 품고 싸우다가 쓰러졌다.

매카시의 삶이 워낙 강렬했고 그의 파멸이 워낙 극적이었으므로, 사람들은 그의 행적만을 살피고 그의 업적엔 별다른 관심을 보이지 않는다. 그의 수많은 적들이 그를 공격하는 데 쓴 주장들을 그대로 받아들여서, 그는 그저 미국 사회에 부정적 영향만을 끼친 인물에 지나지 않는다고 여긴다. 이것은 심각한 잘못이다.

매카시는 미국 정부에 침투한 공산주의자들을 찾아내어 그들에게 납치된 미국의 외교 정책들을 바로잡는 것을 목표로 삼았다. 그가 그런 목표를 위해 활약한 기간은 5년이 채 못 된다. 그 짧은 기간에 그는 미국 정부를 건강하게 만들었고 공산주의 세력과 제대로 맞설 수 있는 정책들이 나올 가능성을 크게 높였다. 당연히, 그는 미국과 자유 세계를 위해 큰 공헌을 했고 그런 공헌의 영향은 지금도 이어진다.

(1) 매카시가 추구한 것은 당시 미국 정부의 실상이었다. 그는 미국 정부에 공산주의자들이 침투해서 미국과 자유 세계의 이익을 가장 근본적 수준에서 조직적으로 해친다고 여겼다. 그렇게 병든 미국 사회를 치료하려면, 당연히, 미국 정부의 실상을 밝힐 정보들이 시민들에게 공개되어야 했다. 그런 역할이 바로 의회의 기능이었다. 그래서 그는 의회의 위원회들에 속해서 청문회들을 통해서 정부의 실상을 밝힐 정보들을 얻으려 한 것이었다.

그의 노력 덕분에 미국 시민들은 미국이 제2차 세계대전에서 이기고도 오히려 갑자기 강성해진 공산주의 러시아의 위협을 받게 된 사정을 이해할 수 있게 되었다. 중국의 공산화를 부른 '아메라시아 사건'과 미국의 최신 군사 기술들이 러시아로 넘어간 '몬머스 기지 사건'은 대표적이다.

반면에, 그의 적들은 의회에 당연히 제공되어야 할 그런 정보들을 감추려 애썼다. 특히 대통령인 트루먼과 아이젠하워가 그런 정보의 제공을 금지하는 명령을 내린 것은 정당화될 수 없는 행태였다.

매카시가 진실을 밝히려 애썼으므로, 그는 필연적으로 미국 사회를 건강하게 만드는 데 기여하게 되었다. 그의 적들은 진실을 감추려고 그를 방해하고 박해했으므로, 그들은 궁극적으로 미국 사회의 건강을 해칠 수밖에 없었다.

(2) 정부 깊숙이 공산주의자들이 침투했다는 사실이 드러나면서, 주목을 받지 않는 자리에서 러시아와 공산주의를 위해 암약하던 첩자들이 숨을 곳이 없게 되었다. 그래서 그들은 미국의 정책들에 영향을 미치는 직책들에서 차츰 밀려났다. 지식인 사회에서 명성이 높고 영향력이 컸던 전문가들도 실체가 드러나자 힘을 많이 잃었다. 대표적인 경우는 중국 공산당을 그리도 추천했던 '중국 전문가들'이다.

(3) 이런 과정을 통해서 자연스럽게 미국의 보안 체계가 갖추어졌다. 정부나 연구소들의 직원들이 기밀 문서들을 사유재산으로 여겨서 마음대로 복사하고 아예 러시아 첩자들에게 넘겨서 원본까지 사라지던 상황에서 차츰 튼튼한 보안 체계가 자리잡았다. 이것은 언급된 적이 드물지만, 미국과 자유 세계의 안보를 위해서 매카시가 한 큰 공헌이다.

(4) 매카시는 처음부터 공산주의의 실체를 알리고 그것이 자

유주의 사회에 위협이 되는 이유를 밝혔다. 그는 공산주의가 결코 자유주의와 공존하려 하지 않는다는 사실을 미국 시민들에게 일깨웠다. 덕분에 긴 루스벨트 집권기에 마비되었던 미국 시민들의 현실 감각이 많이 회복되었다.

(5) 청문회들에서 러시아 첩자들의 행태를 밝힘으로써, 매카시는 미국 시민들이 공산주의자들의 됨됨이를 볼 수 있는 기회를 제공했다. 공산주의의 득세라는 목적에 이바지하는 일들은 모두 정당화된다는 공산주의 도덕률을 미국 시민들이 보도록 만들었고 그들이 품었던 공산주의에 대한 환상을 깨뜨렸다. 매카시의 청문회 이후 미국 공산당의 당세가 빠르게 기울고 공산주의자임을 자랑으로 여기는 지식인들이 드물어졌다는 사실에서 이 점을 확인할 수 있다. 이런 공적은 저널리스트 앤 코울터(Ann Coulter)가 『반역: 냉전에서 테러와의 전쟁에 이르기까지 자유주의자들의 반역 (Treason: Liberal Treachery from the Cold War to the War on Terrorism)』에서 간명하게 요약했다. [여기서 주의할 점은 미국에선 '자유주의(liberalism)'의 뜻이 도착되어 좌파 이념을 뜻한다는 사실이다. 조지프 슘페터(Joseph Schumpeter)에 따르면, 이런 도착은 20세기 초엽에 전체주의자들이 정치적 이유에서 자신들의 이념을 자유주의라고 강변하면서 시작되었고 20세기 중엽엔 이미 확립되었다.]

"반 세기 뒤, 자신들을 공산주의자들이라고 부르는 사람들은 무해한 괴짜들뿐인 지금, 매카시의 십자군운동의 중요성을 파악하기는 어렵다. 그러나 '공산주의자들'이 이제 '왕당파들'만큼 위협적으로 들리는 데엔 이유가 있다. 그리고 그것은 매카시를 비난하고 하버드에서 교육 받은 소비에트 첩자들을 칭찬한 용감한 「뉴욕 타임스」 논설들 덕분이 아니다. 매카시는 공산주의자인 것을 수치로 만들었다. 미국의 공산주의는 결코 회복할 수 없었다."

⑹ 동아시아에서 냉전이 고비를 맞았던 1950년 초에 매카시는 혼자 힘으로 도도하던 공산주의의 물살을 막고 위태롭던 남한의 대한민국과 대만의 중화민국을 지켰다. 애치슨이 '방어선 연설'로 공산군들에게 남한과 대만을 침공해서 공산주의 영토로 만들라고 공개적으로 초대장을 보냈을 때, 그는 공산주의의 위협에 물러나서는 안 된다는 것을 미국 시민들에게 일깨웠다. 그래서 남한과 대만은 자유로운 세상으로 남아 자유와 번영을 누렸다. 비록 지금 남한과 대만에서 그에게 고마워하는 사람들은 거의 없지만, 그가 수많은 사람들에게 자유롭고 풍요로운 삶을 누리도록 했다는 사실은 어떤 기준으로 평가하더라도 위업이다.

그의 공헌은 실은 남한과 대만에 한정되지 않는다. 남한과 대만이 자유 세계의 전초 기지 노릇을 수행한 덕분에, 서태평양은 공산주의 러시아나 중국의 내해가 되지 않았다. 중국이 남중국해를 자신의 내해로 만드는 데 진력해서 전쟁 위험이 부쩍 커진 지금, 매카시의 공헌은 더욱 높은 평가를 받아야 마땅하다.

매카시에 대한 부정적 평가

매카시가 죽었을 때, 사정을 누구보다도 잘 아는 에드거 후버는 "미국 시민들이 조 매카시가 그들을 위해 한 일에 대해 감사하게 되려면, 50년은 걸릴 것"이라고 예측했다. 그의 예언은 틀렸다. 60년 넘게 지난 지금도 미국에서 매카시는 혐오와 경멸의 대상이다.

그렇게 된 이유들 가운데 가장 근본적인 것은 매카시가 죽은 뒤엔 그를 옹호해 줄 사람들이 드물어졌다는 사정이다. 그의 적들은 늘 압도적으로 우세했지만, 그래도 그가 살아있을 때는 그를 잘 아는 동료들과 언론인들이 그를 감싸고 대변했다. 그가 죽고 그를 알던 사람들이 은퇴하자, 그를 지켜줄 사람들이 사라졌다.

게다가 그가 '정부운영위원회'와 '조사상임소위원회'의 위원장에서 물러나면서, 그가 이끌었던 청문회 자료들이 모두 일반인들은 접근할 수 없는 서고들로 들어갔다. 그의 보좌관들과 그들이 모았던 자료들도 흩어졌다. 자연히, 그의 수많은 적들이 하는 주장들이 세상을 덮고, 그런 주장들을 반박하려는 사람들은 필요한 자료들에 접근할 수 없게 되었다.

1960년대에 큰 사회적 변화가 나왔다는 사정도 매카시에게 불리했다. 젊은 세대들은 전통적 질서에 반발하면서 혁명적 변화를 추구했다. '베트남 전쟁'에 대한 반대는 이런 기류들이 응집할 계기를 주었다. 이런 시류는 앨저 히스의 부활에서 잘 드러났다.

히스는 1954년에 출옥했다. 당시 그가 러시아의 간첩이었다는 판결을 의심한 사람은 그리 많지 않았다. 그러나 미국 정부에 침투한 러시아 첩자들을 찾아내려는 매카시의 노력이 무고한 사람들에 대한 공격이었다는 좌파의 끈질긴 비난은 점차 사람들의 인식을 바꾸었다. 그래서 러시아 첩자들로 판명된 사람들을 옹호하는 경향이 뚜렷해졌다. 히스의 재판이 가장 널리 알려졌으므로, 히스는 자연스럽게 '매카시의 박해를 받은' 사람들을 상징하게 되었다.

1960년대에 미국에서 급진적 좌파가 세력을 얻자, 히스는 지식인 사회의 영웅이 되었다. 그는 많은 모임들에 연사로 초대되었고 뉴욕 사교계에서 환영 받는 인물이 되었다. 1972년의 대통령 선거에 민주당 후보로 나섰던 조지 맥거번(George McGovern)은 "히스가 미국의 안보에 대한 위협이었다는 주장은 긴 말 할 것 없이 믿어지지 않는다"고 말했다. 그 해에 히스의 변호사 자격이 회복되었다. 중요한 범죄를 저지르고 나서 매사츄세츠주 변호사 협회에 재가입이 허용된 첫 경우였다.

1996년에 죽을 때까지, 히스는 자신이 러시아 첩자였다는 혐의를 부인했다. 그의 무죄를 믿었던 사람들이 부정할 수 없는 증거들로 그의 거짓을 깨닫고 떠나도, 그는 끝내 자신이 결백하다고 주장했다. 저술가 크리스티나 셸튼(Christina Shelton)은 "레닌주의 도덕에 충실하게, 히스는 결코 무너지지 않았다"고 썼다. 레닌주의 도덕의 핵심인 "목적은 어떤 수단도 정당화한다"는 신조에 따라, 히스는 자신의 거짓이 궁극적 진실이라 믿은 것이다.

매카시즘

매카시가 악한으로 전락한 직접적 이유는 매카시즘(McCarthyism)이란 말이 확고하게 뿌리를 내렸다는 사정이다. 매카시에 대해서 아는 것이 거의 없는 사람들도 매카시즘이 무엇을 뜻하는지 잘 안다. 그리고 그 말이 뜻하는 일들이 실제로 매카시와 그의 지지자들에 의해 일어났다고 믿는다. 그것은 아주 자연스러운 일이어서, 역사적 사실에 바탕을 둔 진정한 반론도 상황을 바꿀 수 없다. 거의 틀림없이 앞으로도 그러할 것이다.

매카시즘은 원래 '20세기 중엽 미국에 침투한 공산주의자들과 그들을 보호한 좌파에 대해서 매카시와 그의 지지자들이 절차적 정당성을 확보하지 못한 채 행한 공격'을 뜻했다. 그 뒤 이 말이 널리 쓰이게 되자, 매카시와 그가 이끈 상원의 위원회 및 소위원회와는 관계가 없는 1940년대 하원의 '반미국행위위원회(HUAC)'의 활동까지 싸잡아서 공격하는 말이 되었다. 그리고 점차 뜻이 확대되어, '좌파에 대한 부당하고 거친 공격'이라는 뜻으로 일반화되었다.

이처럼 매카시의 활동을 폄하하고 오도하는 말이 처음 쓰인 곳은 미국공산당 기관지 '데일리 워커(Daily Worker)'다. 원래 이 말을 고안한 것은 러시아 비밀경찰 NKVD였다. NKVD의 계산대로, 미국의 좌파 지식인들은 이 말을 열광적으로 받아들여 무차별적으로 썼다.

'반미국행위위원회'의 활동들을 매카시와 연결시킨 시대착오를 제외하면, 매카시즘은 크게 보아 두 가지 주장들로 이루어졌다. 하나는 매카시의 인품에 관한 것이니, 그가 인품이 비열해서 증인들을 윽박지르고 모함해서 무고한 사람들을 공산주의자들이나 러시아 첩자들로 몰았다는 얘기다. 다른 하나는 매카시의 주장의 진실에 관한 것이니, 그가 미국 정부에 침투한 러시아 첩자들의 수와 영향력을 터무니없이 과장했다는 얘기다.

그의 인품에 관한 주장은 진실과는 거리가 멀다. 그가 이끈 소위원회 청문회들에 소환된 사람들은 모두 공산주의자들이거나 미국에 대한 충성심을 의심받는 사람들이었다. 그래도 그는 연방수사국, 국무부 보안당국, 미군 방첩부대와 같은 기관들에 의해 보안위험 인물 혐의를 받는 사람들의 이름을 공개하는 것을 되도록 피하려 애썼다. 그래서 그는 이름 대신 번호를 썼다.

매카시가 상원에서 번호를 매긴 사건들을 설명하기 시작하자, 그를 극성스럽게 공격한 민주당 원내 총무 스코트 루카스(Scott Lucas)가 끼어들어 그 공산주의자들의 이름을 밝히라고 요구했다.

매카시는 자신이 번호를 대는 것은 선량한 사람들을 보호하기 위해서라고 대꾸했다.

그러자 루카스는 의회 안에서의 발언은 면책특권이 적용된다는 점을 얘기했다. 그리고 "만일 그 사람들이 공산주의자들이 아니더라도, 귀 의원은 보호받을 것입니다"라고 덧붙였다.

조리가 닿지 않는 루카스의 얘기를 듣자, 매카시는 다시 설명했다. "나는 그들이 공산당원들이거나 공산주의자들에게 큰 도움을 주었다고 나 자신을 설득시킬 만한 증거들을 가졌습니다. 내가 틀릴지 모릅니다… 이 사람들 가운데 몇은 건강보증서를 받을 수도 있습니다." 매카시는 이런 태도를 내내 유지했다.

매카시가 미국 정부에 침투한 러시아 첩자들의 수와 영향력을 터무니없이 과장했다는 얘기도 근거가 없음이 드러났다. 매카시가 그의 소위원회 청문회들에 부른 사람들 가운데 헌법 수정 제5조를 들어 증언을 거부한 사람들은 예외 없이 뒤에 러시아 첩자나 미국공산당 당원이었음이 드러났고, 그들 가운데 상당수는 협의가 구체화되자 해외로 도피했다. 그들을 옹호한 사람들이 모두 그들의 인권을 보호하려 매카시를 공격한 것도 아니었으니, 많은 경우들에서 그들이 러시아 첩자들로 밝혀지는 것을 막으려고 그들을 옹호한 것이다. 그리고 드물지 않게, 자신들이 공산주의자들이나 러시아 첩자라는 것이 밝혀지는 것을 두려워해서, 매카시를 공격했다.

이 문제를 둘러싼 논란은 1990년대에 이르러 미국 육군의 비밀 감청 사업인 '베노나 사업(Venona Project)'에 관한 자료들이 공개되면서 끝났다. 매카시는 미국에 대한 공산주의 첩자들의 위험을 과장한 적이 없었다. 실은 미국 정부에 침투한 공산주의 러시아 첩자들은 그가 예측한 것보다 훨씬 많았고 그들이 끼친 해독도 그가 상상한 것보다 훨씬 컸다.

청동에 새길 이름 이승만

펴낸날	**초판 1쇄 2024년 7월 11일**
지은이	**복거일**
펴낸이	**김광숙**
펴낸곳	**백년동안**
출판등록	**2014년 3월 25일 제406-2014-000031호**
주소	**경기도 파주시 광인사길 22**
전화	**031-941-8988**
팩스	**070-8884-8988**
이메일	**on100years@gmail.com**
ISBN	979-11-93861-13-4 03810

※ 값은 뒤표지에 있습니다.

※ 잘못 만들어진 책은 구입하신 서점에서 바꾸어 드립니다.

※ 각각의 그림에 대한 저작권을 찾아보았지만, 찾아지지 못한 그림은 저작권자를 알려주시면 그에 맞는 대가를 지불하겠습니다.